ARMEENS
WOORDENSCHAT

THEMATISCHE WOORDENLIJST

NEDERLANDS
ARMEENS

De meest bruikbare woorden
Om uw woordenschat uit te breiden en
uw taalvaardigheid aan te scherpen

5000 woorden

Thematische woordenschat Nederlands-Armeens - 5000 woorden
Door Andrey Taranov

Woordenlijsten van T&P Books zijn bedoeld om u woorden van een vreemde taal te helpen leren, onthouden, en bestudering. Dit woordenboek is ingedeeld in thema's en behandelt alle belangrijk terreinen van het dagelijkse leven, bedrijven, wetenschap, cultuur, etc.

Het proces van het leren van woorden met behulp van de op thema's gebaseerde aanpak van T&P Books biedt u de volgende voordelen:

- Correct gegroepeerde informatie is bepalend voor succes bij opeenvolgende stadia van het leren van woorden
- De beschikbaarheid van woorden die van dezelfde stam zijn maakt het mogelijk om woordgroepen te onthouden (in plaats van losse woorden)
- Kleine groepen van woorden faciliteren het proces van het aanmaken van associatieve verbindingen, die nodig zijn bij het consolideren van de woordenschat
- Het niveau van talenkennis kan worden ingeschat door het aantal geleerde woorden

Copyright © 2019 T&P Books Publishing

Alle rechten voorbehouden. Niets uit deze uitgave mag worden verveelvoudigd, opgeslagen in een geautomatiseerd gegevensbestand en/of openbaar gemaakt in enige vorm of op enige wijze, hetzij elektronisch, mechanisch, door fotokopieën, opnamen of op enige andere manier zonder voorafgaande schriftelijke toestemming van de uitgever. U mag dit boek niet verspreiden in welk formaat dan ook.

T&P Books Publishing
www.tpbooks.com

ISBN: 978-1-78492-336-5

Dit boek is ook beschikbaar in e-boek formaat.
Gelieve www.tpbooks.com te bezoeken of de belangrijkste online boekwinkels.

ARMEENSE WOORDENSCHAT
nieuwe woorden leren

T&P Books woordenlijsten zijn bedoeld om u te helpen vreemde woorden te leren, te onthouden, en te bestuderen. De woordenschat bevat meer dan 5000 veel gebruikte woorden die thematisch geordend zijn.

- De woordenlijst bevat de meest gebruikte woorden
- Aanbevolen als aanvulling bij welke taalcursus dan ook
- Voldoet aan de behoeften van de beginnende en gevorderde student in vreemde talen
- Geschikt voor dagelijks gebruik, bestudering en zelftestactiviteiten
- Maakt het mogelijk om uw woordenschat te evalueren

Bijzondere kenmerken van de woordenschat

- De woorden zijn gerangschikt naar hun betekenis, niet volgens alfabet
- De woorden worden weergegeven in drie kolommen om bestudering en zelftesten te vergemakkelijken
- Woorden in groepen worden verdeeld in kleine blokken om het leerproces te vergemakkelijken
- De woordenschat biodt een handige en eenvoudige beschrijving van elk buitenlands woord

De woordenschat bevat 155 onderwerpen zoals:

Basisconcepten, getallen, kleuren, maanden, seizoenen, meeteenheden, kleding en accessoires, eten & voeding, restaurant, familieleden, verwanten, karakter, gevoelens, emoties, ziekten, stad, dorp, bezienswaardigheden, winkelen, geld, huis, thuis, kantoor, werken op kantoor, import & export, marketing, werk zoeken, sport, onderwijs, computer, internet, gereedschap, natuur, landen, nationaliteiten en meer ...

INHOUDSOPGAVE

Uitspraakgids	9
Afkortingen	10

BASISBEGRIPPEN 11
Basisbegrippen Deel 1 11

1. Voornaamwoorden 11
2. Begroetingen. Begroetingen. Afscheid 11
3. Hoe aan te spreken 12
4. Kardinale getallen. Deel 1 12
5. Kardinale getallen. Deel 2 13
6. Ordinale getallen 14
7. Getallen. Breuken 14
8. Getallen. Eenvoudige berekeningen 14
9. Getallen. Diversen 14
10. De belangrijkste werkwoorden. Deel 1 15
11. De belangrijkste werkwoorden. Deel 2 16
12. De belangrijkste werkwoorden. Deel 3 17
13. De belangrijkste werkwoorden. Deel 4 18
14. Kleuren 19
15. Vragen 19
16. Voorzetsels 20
17. Functiewoorden. Bijwoorden. Deel 1 20
18. Functiewoorden. Bijwoorden. Deel 2 22

Basisbegrippen Deel 2 24

19. Dagen van de week 24
20. Uren. Dag en nacht 24
21. Maanden. Seizoenen 25
22. Meeteenheden 27
23. Containers 28

MENS 29
Mens. Het lichaam 29

24. Hoofd 29
25. Menselijk lichaam 30

Kleding en accessoires 31

26. Bovenkleding. Jassen 31
27. Heren & dames kleding 31

28. Kleding. Ondergoed 32
29. Hoofddeksels 32
30. Schoeisel 32
31. Persoonlijke accessoires 33
32. Kleding. Diversen 33
33. Persoonlijke verzorging. Schoonheidsmiddelen 34
34. Horloges. Klokken 35

Voedsel. Voeding 36

35. Voedsel 36
36. Drankjes 37
37. Groenten 38
38. Vruchten. Noten 39
39. Brood. Snoep 40
40. Bereide gerechten 40
41. Kruiden 41
42. Maaltijden 42
43. Tafelschikking 42
44. Restaurant 43

Familie, verwanten en vrienden 44

45. Persoonlijke informatie. Formulieren 44
46. Familieleden. Verwanten 44

Geneeskunde 46

47. Ziekten 46
48. Symptomen. Behandelingen. Deel 1 47
49. Symptomen. Behandelingen. Deel 2 48
50. Symptomen. Behandelingen. Deel 3 49
51. Artsen 50
52. Geneeskunde. Medicijnen. Accessoires 50

HET MENSELIJKE LEEFGEBIED 51
Stad 51

53. Stad. Het leven in de stad 51
54. Stedelijke instellingen 52
55. Borden 53
56. Stedelijk vervoer 54
57. Bezienswaardigheden 55
58. Winkelen 56
59. Geld 57
60. Post. Postkantoor 58

Woning. Huis. Thuis 59

61. Huis. Elektriciteit 59

5

62. Villa. Herenhuis	59
63. Appartement	59
64. Meubels. Interieur	60
65. Beddengoed	61
66. Keuken	61
67. Badkamer	62
68. Huishoudelijke apparaten	63

MENSELIJKE ACTIVITEITEN	**64**
Baan. Business. Deel 1	**64**

69. Kantoor. Op kantoor werken	64
70. Bedrijfsprocessen. Deel 1	65
71. Bedrijfsprocessen. Deel 2	66
72. Productie. Werken	67
73. Contract. Overeenstemming	68
74. Import & Export	69
75. Financiën	69
76. Marketing	70
77. Reclame	70
78. Bankieren	71
79. Telefoon. Telefoongesprek	72
80. Mobiele telefoon	72
81. Schrijfbehoeften	73
82. Soorten bedrijven	73

Baan. Business. Deel 2	**76**

83. Show. Tentoonstelling	76
84. Wetenschap. Onderzoek. Wetenschappers	77

Beroepen en ambachten	**78**

85. Zoeken naar werk. Ontslag	78
86. Zakenmensen	78
87. Dienstverlenende beroepen	80
88. Militaire beroepen en rangen	80
89. Ambtenaren. Priesters	81
90. Agrarische beroepen	82
91. Kunst beroepen	82
92. Verschillende beroepen	83
93. Beroepen. Sociale status	84

Onderwijs	**85**

94. School	85
95. Hogeschool. Universiteit	86
96. Wetenschappen. Disciplines	87
97. Schrift. Spelling	87
98. Vreemde talen	88

Rusten. Entertainment. Reizen	90

99. Trip. Reizen	90
100. Hotel	90

TECHNISCHE APPARATUUR. VERVOER 92
Technische apparatuur 92

101. Computer	92
102. Internet. E-mail	93
103. Elektriciteit	94
104. Gereedschappen	94

Vervoer 97

105. Vliegtuig	97
106. Trein	98
107. Schip	99
108. Vliegveld	100

Gebeurtenissen in het leven 102

109. Vakanties. Evenement	102
110. Begrafenissen. Begrafenis	103
111. Oorlog. Soldaten	103
112. Oorlog. Militaire acties. Deel 1	104
113. Oorlog. Militaire acties. Deel 2	106
114. Wapens	107
115. Oude mensen	109
116. Middeleeuwen	109
117. Leider. Baas. Autoriteiten	111
118. De wet overtreden. Criminelen. Deel 1	112
119. De wet overtreden. Criminelen. Deel 2	113
120. Politie. Wet. Deel 1	114
121. Politie. Wet. Deel 2	115

NATUUR 117
De Aarde. Deel 1 117

122. De kosmische ruimte	117
123. De Aarde	118
124. Windrichtingen	119
125. Zee. Oceaan	119
126. Namen van zeeën en oceanen	120
127. Bergen	121
128. Bergen namen	122
129. Rivieren	122
130. Namen van rivieren	123
131. Bos	123
132. Natuurlijke hulpbronnen	124

De Aarde. Deel 2	126
133. Weer	126
134. Zwaar weer. Natuurrampen	127

Fauna	128
135. Zoogdieren. Roofdieren	128
136. Wilde dieren	128
137. Huisdieren	129
138. Vogels	130
139. Vis. Zeedieren	132
140. Amfibieën. Reptielen	132
141. Insecten	133

Flora	134
142. Bomen	134
143. Heesters	134
144. Vruchten. Bessen	135
145. Bloemen. Planten	135
146. Granen, graankorrels	137

LANDEN. NATIONALITEITEN	138
147. West-Europa	138
148. Centraal- en Oost-Europa	138
149. Voormalige USSR landen	139
150. Azië	139
151. Noord-Amerika	140
152. Midden- en Zuid-Amerika	140
153. Afrika	141
154. Australië. Oceanië	141
155. Steden	141

UITSPRAAKGIDS

T&P fonetisch alfabet	Armeens voorbeeld	Nederlands voorbeeld
[a]	Ճանաչել [čanačél]	acht
[ə]	փափուկ [pʰəspʰəsál]	formule, wachten
[e]	հեկտար [hektár]	delen, spreken
[ē]	էկրան [ēkrán]	elf, zwembad
[i]	ֆիզիկոս [fizikós]	bidden, tint
[o]	շոկոլադ [šokolád]	overeenkomst
[u]	հույնուհի [hujnuhí]	hoed, doe
[b]	բամբակ [bambák]	hebben
[d]	դադար [dadár]	Dank u, honderd
[f]	ֆաբրիկա [fábrika]	feestdag, informeren
[g]	գանգ [gang]	goal, tango
[j]	ջյուջմ [djujm]	New York, januari
[h]	հայուհի [hajuhí]	het, herhalen
[x]	խախտել [xaxtél]	licht, school
[k]	կոճակ [kočák]	kennen, kleur
[l]	փլվել [pʰlvel]	delen, luchter
[m]	մտածել [mtatsél]	morgen, etmaal
[t]	տաքսի [taksí]	tomaat, taart
[n]	նրանք [nrankʰ]	nemen, zonder
[r]	լար [lar]	roepen, breken
[p]	պոմպ [pomp]	parallel, koper
[ġ]	տղամարդ [tġamárd]	gutturale R
[s]	սոուս [soús]	spreken, kosten
[ts]	ծանոթ [tsanótʰ]	niets, plaats
[v]	վոստիկան [vostikán]	beloven, schrijven
[z]	զանգ [zang]	zeven, zesde
[kʰ]	երեք [erékʰ]	deukhoed, Stockholm
[pʰ]	փրկել [pʰrkel]	ophouden, ophangen
[tʰ]	թատրոն [tʰatrón]	luchthaven, stadhuis
[tsʰ]	ակնոց [aknótsʰ]	handschoenen
[ʒ]	ժամանակ [ʒamanák]	journalist, rouge
[dz]	ոձիք [odzíkʰ]	zeldzaam
[dʒ]	հաջող [hadʒóġ]	jeans, jungle
[č]	վիճել [vičél]	Tsjechië, cello
[š]	շահույթ [šahújtʰ]	shampoo, machine
[']	բաձակ [baʒák]	hoofdklemtoon

9

AFKORTINGEN
gebruikt in de woordenschat

Nederlandse afkortingen

abn	-	als bijvoeglijk naamwoord
bijv.	-	bijvoorbeeld
bn	-	bijvoeglijk naamwoord
bw	-	bijwoord
enk.	-	enkelvoud
enz.	-	enzovoort
form.	-	formele taal
inform.	-	informele taal
mann.	-	mannelijk
mil.	-	militair
mv.	-	meervoud
on.ww.	-	onovergankelijk werkwoord
ontelb.	-	ontelbaar
ov.	-	over
ov.ww.	-	overgankelijk werkwoord
telb.	-	telbaar
vn	-	voornaamwoord
vrouw.	-	vrouwelijk
vw	-	voegwoord
vz	-	voorzetsel
wisk.	-	wiskunde
ww	-	werkwoord

Nederlandse artikelen

de	-	gemeenschappelijk geslacht
de/het	-	gemeenschappelijk geslacht, onzijdig
het	-	onzijdig

Armeense interpunctie

´	-	Uitroepteken
՟	-	Vraagteken
,	-	Komma

BASISBEGRIPPEN

Basisbegrippen Deel 1

1. Voornaamwoorden

ik	ԵՍ	[es]
jij, je	ԴՈՒ	[du]
hij, zij, het	ՆԱ	[na]
wij, we	ՄԵՆՔ	[menkʰ]
jullie	ԴՈՒՔ	[dukʰ]
zij, ze	ՆՐԱՆՔ	[nrankʰ]

2. Begroetingen. Begroetingen. Afscheid

Hallo! Dag!	Բարև	[barév]
Hallo!	Բարև ձեզ	[barév dzéz!]
Goedemorgen!	Բարի լույս	[barí lújs!]
Goedemiddag!	Բարի օր	[barí ór!]
Goedenavond!	Բարի երեկո	[barí jerekó!]
gedag zeggen (groeten)	բարևել	[barevél]
I loi!	Ողջույն	[voǵdʒújn!]
groeten (het)	ողջույն	[voǵdʒújn]
verwelkomen (ww)	ողջունել	[voǵdʒunél]
Hoe gaat het?	Ո՞նց են գործերդ	[vontsʰ en gortsérd?]
Is er nog nieuws?	Ի՞նչ նորություն	[inč norutʰjún?]
Dag! Tot ziens!	Ցտեսություն	[tsʰtesutʰjún!]
Tot snel! Tot ziens!	Մինչ նոր հանդիպում եմ	[mínč nór handipúm!]
Vaarwel! (inform.)	Մնաս բարով	[mnas baróv!]
Vaarwel! (form.)	Մնաք բարով	[mnakʰ baróv!]
afscheid nemen (ww)	հրաժեշտ տալ	[hraʒéšt tál]
Tot kijk!	Առայժմ	[arájʒm!]
Dank u!	Շնորհակալություն	[šnorhakalutʰjún!]
Dank u wel!	Շատ շնորհակալ եմ	[šat šnorhakál em!]
Graag gedaan	Խնդրեմ	[xndrem]
Geen dank!	Հոգ չէ	[hog čē]
Geen moeite.	չարժե	[čarʒé]
Excuseer me, ... (inform.)	Ներողություն	[neroǵutʰjún!]
Excuseer me, ... (form.)	Ներեցեք	[neretsʰékʰ!]
excuseren (verontschuldigen)	ներել	[nerél]
zich verontschuldigen	ներողություն խնդրել	[neroǵutʰjún xndrél]
Mijn excuses.	Ներեցեք	[neretsʰékʰ]

Het spijt me!	Ներեցե՛ք	[neretsʰékʰ!]
vergeven (ww)	ներել	[nerél]
alsjeblieft	խնդրում եմ	[χndrúm em]

Vergeet het niet!	Չմոռանա՛ք	[čmoranákʰ!]
Natuurlijk!	Իհա՛րկե	[ihárke!]
Natuurlijk niet!	Իհարկե ո՛չ	[ihárke voč!]
Akkoord!	Համաձա՛յն եմ	[hamadzájn em!]
Zo is het genoeg!	Բավակա՛ն է	[bavakán ē!]

3. Hoe aan te spreken

meneer	Պարո՛ն	[parón]
mevrouw	Տիկի՛ն	[tikín]
juffrouw	Օրիո՛րդ	[oriórd]
jongeman	Երիտասա՛րդ	[eritasárd]
jongen	Տղա՛	[tġa]
meisje	Աղջի՛կ	[aġdʒík]

4. Kardinale getallen. Deel 1

nul	զրո	[zro]
een	մեկ	[mek]
twee	երկու	[erkú]
drie	երեք	[erékʰ]
vier	չորս	[čors]

vijf	հինգ	[hing]
zes	վեց	[vetsʰ]
zeven	յոթ	[jotʰ]
acht	ութ	[utʰ]
negen	ինը	[ínə]

tien	տաս	[tas]
elf	տասնմեկ	[tasnmék]
twaalf	տասներկու	[tasnerkú]
dertien	տասներեք	[tasnerékʰ]
veertien	տասնչորս	[tasnčórs]

vijftien	տասնհինգ	[tasnhíng]
zestien	տասնվեց	[tasnvétsʰ]
zeventien	տասնյոթ	[tasnjótʰ]
achttien	տասնութ	[tasnútʰ]
negentien	տասնինը	[tasnínə]

twintig	քսան	[kʰsan]
eenentwintig	քսանմեկ	[kʰsanmék]
tweeëntwintig	քսաներկու	[kʰsanerkú]
drieëntwintig	քսաներեք	[ksanerékʰ]

| dertig | երեսուն | [eresún] |
| eenendertig | երեսունմեկ | [eresunmék] |

T&P Books. Thematische woordenschat Nederlands-Armeens - 5000 woorden

tweeëndertig	երեսուներկու	[eresunerkú]
drieëndertig	երեսուներեք	[eresunerékʰ]
veertig	քառասուն	[kʰarasún]
eenenveertig	քառասունմեկ	[kʰarasunmék]
tweeënveertig	քառասուներկու	[kʰarasunerkú]
drieënveertig	քառասուներեք	[karasunerékʰ]
vijftig	հիսուն	[hisún]
eenenvijftig	հիսունմեկ	[hisunmék]
tweeënvijftig	հիսուներկու	[hisunerkú]
drieënvijftig	հիսուներեք	[hisunerékʰ]
zestig	վաթսուն	[vatʰsún]
eenenzestig	վաթսունմեկ	[vatʰsunmék]
tweeënzestig	վաթսուներկու	[vatʰsunerkú]
drieënzestig	վաթսուներեք	[vatʰsunerékʰ]
zeventig	յոթանասուն	[jotʰanasún]
eenenzeventig	յոթանասունմեկ	[jotʰanasunmék]
tweeënzeventig	յոթանասուներկու	[jotʰanasunerkú]
drieënzeventig	յոթանասուներեք	[jotʰanasunerékʰ]
tachtig	ութսուն	[utʰsún]
eenentachtig	ութսունմեկ	[utʰsunmék]
tweeëntachtig	ութսուներկու	[utʰsunerkú]
drieëntachtig	ութսուներեք	[utʰsunerékʰ]
negentig	իննսուն	[innsún]
eenennegentig	իննսունմեկ	[innsunmék]
tweeënnegentig	իննսուներկու	[innsunerkú]
drieënnegentig	իննսուներեք	[innsunerékʰ]

5. Kardinale getallen. Deel 2

honderd	հարյուր	[harjúr]
tweehonderd	երկու հարյուր	[erkú harjúr]
driehonderd	երեք հարյուր	[erékʰ harjúr]
vierhonderd	չորս հարյուր	[čórs harjúr]
vijfhonderd	հինգ հարյուր	[hing harjúr]
zeshonderd	վեց հարյուր	[vetsʰ harjúr]
zevenhonderd	յոթ հարյուր	[jotʰ harjúr]
achthonderd	ութ հարյուր	[utʰ harjúr]
negenhonderd	ինը հարյուր	[ínə harjúr]
duizend	հազար	[hazár]
tweeduizend	երկու հազար	[erkú hazár]
drieduizend	երեք հազար	[erékʰ hazár]
tienduizend	տաս հազար	[tas hazár]
honderdduizend	հարյուր հազար	[harjúr hazár]
miljoen (het)	միլիոն	[milión]
miljard (het)	միլիարդ	[miliárd]

6. Ordinale getallen

eerste (bn)	առաջին	[aradʒín]
tweede (bn)	երկրորդ	[erkrórd]
derde (bn)	երրորդ	[errórd]
vierde (bn)	չորրորդ	[čorrórd]
vijfde (bn)	հինգերորդ	[híngerord]
zesde (bn)	վեցերորդ	[vétsʰerord]
zevende (bn)	յոթերորդ	[jótʰerord]
achtste (bn)	ութերորդ	[útʰerord]
negende (bn)	իններորդ	[ínnerord]
tiende (bn)	տասներորդ	[tásnerord]

7. Getallen. Breuken

breukgetal (het)	կոտորակ	[kotorák]
half	մեկ երկրորդ	[mek erkrórd]
een derde	մեկ երրորդ	[mek errórd]
kwart	մեկ չորրորդ	[mek čorrórd]
een achtste	մեկ ութերորդ	[mek útʰerord]
een tiende	մեկ տասներորդ	[mek tásnerord]
twee derde	երկու երրորդ	[erkú errórd]
driekwart	երեք չորրորդ	[erékʰ čorrórd]

8. Getallen. Eenvoudige berekeningen

aftrekking (de)	հանում	[hanúm]
aftrekken (ww)	հանել	[hanél]
deling (de)	բաժանում	[baʒanúm]
delen (ww)	բաժանել	[baʒanél]
optelling (de)	գումարում	[gumarúm]
erbij optellen	գումարել	[gumarél]
(bij elkaar voegen)		
optellen (ww)	գումարել	[gumarél]
vermenigvuldiging (de)	բազմապատկում	[bazmapatkúm]
vermenigvuldigen (ww)	բազմապատկել	[bazmapatkél]

9. Getallen. Diversen

cijfer (het)	թիվ	[tʰiv]
nummer (het)	թիվ	[tʰiv]
telwoord (het)	համարիչ	[hamaríč]
minteken (het)	մինուս	[mínus]
plusteken (het)	պլյուս	[pljus]
formule (de)	բանաձև	[banadzév]
berekening (de)	հաշվարկ	[hašvárk]

T&P Books. Thematische woordenschat Nederlands-Armeens - 5000 woorden

tellen (ww)	հաշվել	[hašvél]
bijrekenen (ww)	հաշվարկ անել	[hašvárk anél]
vergelijken (ww)	համեմատել	[hamematél]

Hoeveel?	քանի՞	[kʰaní?]
som (de), totaal (het)	գումար	[gumár]
uitkomst (de)	արդյունք	[ardjúnkʰ]
rest (de)	մնացորդ	[mnatsʰórd]

enkele (bijv. ~ minuten)	մի քանի	[mi kʰaní]
weinig (telb.)	մի փոքր ...	[mi pʰokʰr ...]
een beetje (ontelb.)	մի քիչ ...	[mi kʰič ...]
restant (het)	մնացածը	[mnatsʰátsə]
anderhalf	մեկ ու կես	[mek u kes]
dozijn (het)	դյուժին	[djuʒín]

middendoor (bw)	կես	[kes]
even (bw)	հավասար	[havasár]
helft (de)	կես	[kes]
keer (de)	անգամ	[angám]

10. De belangrijkste werkwoorden. Deel 1

aanbevelen (ww)	երաշխավորել	[erašχavorél]
aandringen (ww)	պնդել	[pndel]
aankomen (per auto, enz.)	ժամանել	[ʒamanél]
aanraken (ww)	ձեռք տալ	[dzérkʰ tal]
adviseren (ww)	խորհուրդ տալ	[χorhúrd tal]

afdalen (on.ww.)	իջնել	[idʒnél]
afslaan (naar rechts ~)	թեքվել	[tʰekʰvél]
antwoorden (ww)	պատասխանել	[patasχanél]
bang zijn (ww)	վախենալ	[vaχenál]
bedreigen (bijv. met een pistool)	սպառնալ	[sparnál]

bedriegen (ww)	խաբել	[χabél]
beëindigen (ww)	ավարտել	[avartél]
beginnen (ww)	սկսել	[sksel]
begrijpen (ww)	հասկանալ	[haskanál]
beheren (managen)	ղեկավարել	[ġekavarél]

| beledigen (met scheldwoorden) | վիրավորել | [viravorél] |

beloven (ww)	խոստանալ	[χostanál]
bereiden (koken)	պատրաստել	[patrastél]
bespreken (spreken over)	քննարկել	[kʰnnarkél]

bestellen (eten ~)	պատվիրել	[patvirél]
bestraffen (een stout kind ~)	պատժել	[patʒél]
betalen (ww)	վճարել	[včarél]
betekenen (beduiden)	նշանակել	[nšanakél]
betreuren (ww)	ափսոսալ	[apʰsosál]
bevallen (prettig vinden)	դուր գալ	[dur gal]

15

bevelen (mil.)	հրամայել	[hramajél]
bevrijden (stad, enz.)	ազատագրել	[azatagrél]
bewaren (ww)	պահպանել	[pahpanél]
bezitten (ww)	ունենալ	[unenál]

bidden (praten met God)	աղոթել	[aġotʰél]
binnengaan (een kamer ~)	մտնել	[mtnel]
breken (ww)	կոտրել	[kotrél]
controleren (ww)	վերահսկել	[verahskél]
creëren (ww)	ստեղծել	[steġtsél]

deelnemen (ww)	մասնակցել	[masnaktsʰél]
denken (ww)	մտածել	[mtatsél]
doden (ww)	սպանել	[spanél]
doen (ww)	անել	[anél]
dorst hebben (ww)	ուզենալ խմել	[uzenál χmel]

11. De belangrijkste werkwoorden. Deel 2

een hint geven	ակնարկել	[aknarkél]
eisen (met klem vragen)	պահանջել	[pahandʒél]
existeren (bestaan)	գոյություն ունենալ	[gojutʰjún unenál]
gaan (te voet)	գնալ	[gnal]

gaan zitten (ww)	նստել	[nstel]
gaan zwemmen	լողալ	[loġál]
geven (ww)	տալ	[tal]
glimlachen (ww)	ժպտալ	[ʒptal]
goed raden (ww)	գուշակել	[gušakél]

| grappen maken (ww) | կատակել | [katakél] |
| graven (ww) | փորել | [pʰorél] |

hebben (ww)	ունենալ	[unenál]
helpen (ww)	օգնել	[ognél]
herhalen (opnieuw zeggen)	կրկնել	[krknel]
honger hebben (ww)	ուզենալ ուտել	[uzenál utél]

hopen (ww)	հուսալ	[husál]
horen (waarnemen met het oor)	լսել	[lsel]
huilen (wenen)	լացել	[latsʰél]
huren (huis, kamer)	վարձել	[vardzél]
informeren (informatie geven)	տեղեկացնել	[teġekatsʰnél]

instemmen (akkoord gaan)	համաձայնվել	[hamadzajnvél]
jagen (ww)	որս անել	[vors anél]
kennen (kennis hebben van iemand)	ճանաչել	[čanačél]
kiezen (ww)	ընտրել	[əntrél]
klagen (ww)	գանգատվել	[gangatvél]

| kosten (ww) | արժենալ | [arʒenál] |
| kunnen (ww) | կարողանալ | [karoġanál] |

lachen (ww)	ծիծաղել	[tsitsaǵél]
laten vallen (ww)	վայր գցել	[vájr gtsʰel]
lezen (ww)	կարդալ	[kardál]

liefhebben (ww)	սիրել	[sirél]
lunchen (ww)	ճաշել	[čašél]
nemen (ww)	վերցնել	[vertsʰnél]
nodig zijn (ww)	պետք լինել	[pétkʰ linél]

12. De belangrijkste werkwoorden. Deel 3

onderschatten (ww)	թերագնահատել	[tʰeragnahatél]
ondertekenen (ww)	ստորագրել	[storagrél]
ontbijten (ww)	նախաճաշել	[naχačašél]
openen (ww)	բացել	[batsʰél]
ophouden (ww)	դադարեցնել	[dadaretsʰnél]
opmerken (zien)	նկատել	[nkatél]

opscheppen (ww)	պարծենալ	[partsenál]
opschrijven (ww)	գրառել	[grarél]
plannen (ww)	պլանավորել	[planavorél]
prefereren (verkiezen)	նախընտրել	[naχəntrél]
proberen (trachten)	փորձել	[pʰordzél]
redden (ww)	փրկել	[pʰrkél]

rekenen op ...	հույս դնել ... վրա	[hujs dnel ... vra]
rennen (ww)	վազել	[vazél]
reserveren (een hotelkamer ~)	ամրագրել	[amragrél]
roepen (om hulp)	կանչել	[kančél]
schieten (ww)	կրակել	[krakél]
schreeuwen (ww)	բղավել	[bǵavél]

schrijven (ww)	գրել	[grel]
souperen (ww)	ընթրել	[əntʰrél]
spelen (kinderen)	խաղալ	[χaǵál]
spreken (ww)	խոսել	[χosél]

| stelen (ww) | գողանալ | [goǵanál] |
| stoppen (pauzeren) | կանգ առնել | [káng arnél] |

studeren (Nederlands ~)	ուսումնասիրել	[usumnasirél]
sturen (zenden)	ուղարկել	[uǵarkél]
tellen (optellen)	հաշվել	[hašvél]
toebehoren aan ...	պատկանել	[patkanél]

| toestaan (ww) | թույլատրել | [tʰujlatrél] |
| tonen (ww) | ցույց տալ | [tsʰújtsʰ tal] |

twijfelen (onzeker zijn)	կասկածել	[kaskatsél]
uitgaan (ww)	դուրս գալ	[durs gal]
uitnodigen (ww)	հրավիրել	[hravirél]
uitspreken (ww)	արտասանել	[artasanél]
uitvaren tegen (ww)	կշտամբել	[kštambél]

13. De belangrijkste werkwoorden. Deel 4

vallen (ww)	ընկնել	[ənknél]
vangen (ww)	բռնել	[brnel]
veranderen (anders maken)	փոխել	[pʰoχél]
verbaasd zijn (ww)	զարմանալ	[zarmanál]
verbergen (ww)	թաքցնել	[tʰakʰtsʰnél]

verdedigen (je land ~)	պաշտպանել	[paštpanél]
verenigen (ww)	միավորել	[miavorél]
vergelijken (ww)	համեմատել	[hamematél]
vergeten (ww)	մոռանալ	[moranál]
vergeven (ww)	ներել	[nerél]

verklaren (uitleggen)	բացատրել	[batsʰatrél]
verkopen (per stuk ~)	վաճառել	[vačarél]
vermelden (praten over)	հիշատակել	[hišatakél]
versieren (decoreren)	զարդարել	[zardarél]
vertalen (ww)	թարգմանել	[tʰargmanél]

vertrouwen (ww)	վստահել	[vstahél]
vervolgen (ww)	շարունակել	[šarunakél]
verwarren (met elkaar ~)	շփոթել	[špʰotʰél]
verzoeken (ww)	խնդրել	[χndrel]
verzuimen (school, enz.)	բաց թողնել	[batsʰ tʰoġnél]

vinden (ww)	գտնել	[gtnel]
vliegen (ww)	թռչել	[tʰrčel]
volgen (ww)	գնալ ... հետևից	[gnal ... hetevítsʰ]
voorstellen (ww)	առաջարկել	[aradʒarkél]
voorzien (verwachten)	կանխատեսել	[kanχatesél]
vragen (ww)	հարցնել	[hartsʰnél]

waarnemen (ww)	հետևել	[hetevél]
waarschuwen (ww)	զգուշացնել	[zgušatsʰnél]
wachten (ww)	սպասել	[spasél]
weerspreken (ww)	հակաճառել	[hakačarél]
weigeren (ww)	հրաժարվել	[hraʒarvél]

werken (ww)	աշխատել	[ašχatél]
weten (ww)	իմանալ	[imanál]
willen (verlangen)	ուզենալ	[uzenál]
zeggen (ww)	ասել	[asél]
zich haasten (ww)	շտապել	[štapél]

zich interesseren voor ...	հետաքրքրվել	[hetakʰrkʰrvél]
zich vergissen (ww)	սխալվել	[sχalvél]

zich verontschuldigen	ներողություն խնդրել	[neroġutʰjún χndrél]
zien (ww)	տեսնել	[tesnél]

zijn (ww)	լինել	[linél]
zoeken (ww)	փնտրել	[pʰntrel]
zwemmen (ww)	լողալ	[loġál]
zwijgen (ww)	լռել	[lrel]

18

14. Kleuren

kleur (de)	գույն	[gujn]
tint (de)	երանգ	[eráng]
kleurnuance (de)	գուներանգ	[guneráng]
regenboog (de)	ծիածան	[tsiatsán]
wit (bn)	սպիտակ	[spiták]
zwart (bn)	սև	[sev]
grijs (bn)	մոխրագույն	[moxragújn]
groen (bn)	կանաչ	[kanáč]
geel (bn)	դեղին	[deǵín]
rood (bn)	կարմիր	[karmír]
blauw (bn)	կապույտ	[kapújt]
lichtblauw (bn)	երկնագույն	[erknagújn]
roze (bn)	վարդագույն	[vardagújn]
oranje (bn)	նարնջագույն	[narndʒagújn]
violet (bn)	մանուշակագույն	[manušakagújn]
bruin (bn)	շագանակագույն	[šaganakagújn]
goud (bn)	ոսկե	[voské]
zilverkleurig (bn)	արծաթագույն	[artsatʰagújn]
beige (bn)	բեժ	[beʒ]
roomkleurig (bn)	կրեմագույն	[kremagújn]
turkoois (bn)	փիրուզագույն	[pʰiruzagújn]
kersrood (bn)	բալագույն	[balagújn]
lila (bn)	բաց մանուշակագույն	[batsʰ manušakagújn]
karmijnrood (bn)	մորեգույն	[moregújn]
licht (bn)	բաց	[hatsʰ]
donker (bn)	մուգ	[mug]
fel (bn)	վառ	[var]
kleur-, kleurig (bn)	գունավոր	[gunavór]
kleuren- (abn)	գունավոր	[gunavór]
zwart-wit (bn)	սև ու սպիտակ	[sev u spiták]
eenkleurig (bn)	միագույն	[miagújn]
veelkleurig (bn)	գույնզգույն	[gujnzgújn]

15. Vragen

Wie?	Ո՞վ	[ov?]
Wat?	Ի՞նչ	[inč?]
Waar?	Որտե՞ղ	[vorté ǵ?]
Waarheen?	Ու՞ր	[ur?]
Waarvandaan?	Որտեղի՞ց	[vorteǵítsʰ?]
Wanneer?	Ե՞րբ	[erb?]
Waarom?	Ինչու՞	[inčú?]
Waarom?	Ինչու՞	[inčú?]
Waarvoor dan ook?	Ինչի՞ համար	[inčí hamár?]

Hoe?	Ինչպե՞ս	[inčpés?]
Wat voor …?	Ինչպիսի՞	[inčpisí?]
Welk?	Ո՞րը	[voré?]

Aan wie?	Ո՞ւմ	[um?]
Over wie?	Ո՞ւմ մասին	[úm masín?]
Waarover?	Ինչի՞ մասին	[inčí masín?]
Met wie?	Ո՞ւմ հետ	[úm het?]

Hoeveel?	Քանի՞	[kʰaní?]
Van wie? (mann.)	Ո՞ւմ	[um?]

16. Voorzetsels

met (bijv. ~ beleg)	… հետ	[… het]
zonder (~ accent)	առանց	[aránts ʰ]
naar (in de richting van)	մեջ	[medʒ]
over (praten ~)	մասին	[masín]
voor (in tijd)	առաջ	[arádʒ]
voor (aan de voorkant)	առաջ	[arádʒ]

onder (lager dan)	տակ	[tak]
boven (hoger dan)	վերևում	[verevúm]
op (bovenop)	վրա	[vra]
van (uit, afkomstig van)	… ից	[… itsʰ]
van (gemaakt van)	… ից	[… itsʰ]

over (bijv. ~ een uur)	… անց	[… antsʰ]
over (over de bovenkant)	միջով	[midʒóv]

17. Functiewoorden. Bijwoorden. Deel 1

Waar?	Որտե՞ղ	[vortéġ?]
hier (bw)	այստեղ	[ajstéġ]
daar (bw)	այնտեղ	[ajntéġ]

ergens (bw)	որևէ տեղ	[vorevē teġ]
nergens (bw)	ոչ մի տեղ	[voč mi teġ]

bij … (in de buurt)	… մոտ	[… mot]
bij het raam	պատուհանի մոտ	[patuhaní mót]

Waarheen?	Ո՞ւր	[ur?]
hierheen (bw)	այստեղ	[ajstéġ]
daarheen (bw)	այնտեղ	[ajntéġ]
hiervandaan (bw)	այստեղից	[ajsteġítsʰ]
daarvandaan (bw)	այնտեղից	[ajnteġítsʰ]

dichtbij (bw)	մոտ	[mot]
ver (bw)	հեռու	[herú]
in de buurt (van …)	մոտ	[mot]
dichtbij (bw)	մոտակայքում	[motakajkʰúm]

niet ver (bw)	մոտիկ	[motík]
linker (bn)	ձախ	[dzaχ]
links (bw)	ձախ կողմից	[dzaχ koǵmíts ʰ]
linksaf, naar links (bw)	դեպի ձախ	[depí dzaχ]

rechter (bn)	աջ	[adʒ]
rechts (bw)	աջ կողմից	[adʒ koǵmíts ʰ]
rechtsaf, naar rechts (bw)	դեպի աջ	[depí adʒ]

vooraan (bw)	առջևից	[ardʒevíts ʰ]
voorste (bn)	առջևի	[ardʒeví]
vooruit (bw)	առաջ	[arádʒ]

achter (bw)	հետևում	[hetevúm]
van achteren (bw)	հետևից	[hetevíts ʰ]
achteruit (naar achteren)	հետ	[het]

| midden (het) | մեջտեղ | [medʒtéǵ] |
| in het midden (bw) | մեջտեղում | [medʒteǵúm] |

opzij (bw)	կողքից	[koǵk ʰ íts ʰ]
overal (bw)	ամենուր	[amenúr]
omheen (bw)	շուրջը	[šúrdʒə]

binnenuit (bw)	միջից	[midʒíts ʰ]
naar ergens (bw)	որևէ տեղ	[vorevē teǵ]
rechtdoor (bw)	ուղիղ	[uǵíǵ]
terug (bijv. ~ komen)	ետ	[et]

| ergens vandaan (bw) | որևէ տեղից | [vorevē teǵíts ʰ] |
| ergens vandaan (en dit geld moet ~ komen) | ինչ-որ տեղից | [inč vor teǵíts ʰ] |

ten eerste (bw)	առաջինը	[aradʒínə]
ten tweede (bw)	երկրորդը	[erkrórdə]
ten derde (bw)	երրորդը	[errórdə]

plotseling (bw)	հանկարծակի	[hankartsáki]
in het begin (bw)	սկզբում	[skzbum]
voor de eerste keer (bw)	առաջին անգամ	[aradʒín angám]
lang voor ... (bw)	... շատ առաջ	[... šat arádʒ]
opnieuw (bw)	կրկին	[krkin]
voor eeuwig (bw)	ընդմիշտ	[əndmíšt]

nooit (bw)	երբեք	[erbék ʰ]
weer (bw)	նորից	[noríts ʰ]
nu (bw)	այժմ	[ajʒm]
vaak (bw)	հաճախ	[hačáχ]
toen (bw)	այն ժամանակ	[ajn ʒamanák]
urgent (bw)	շտապ	[štap]
meestal (bw)	սովորաբար	[sovorabár]

| trouwens, ... (tussen haakjes) | ի դեպ, ... | [i dep ...] |

| mogelijk (bw) | հնարավոր է | [hnaravór ē] |
| waarschijnlijk (bw) | հավանաբար | [havanabár] |

misschien (bw)	միգուցե	[migutsʰé]
trouwens (bw)	բացի այն, ...	[batsʰí ájd ...]
daarom ...	այդ պատճառով	[ajd patčaróv]
in weerwil van ...	չնայած ...	[čnajáts ...]
dankzij ...	շնորհիվ ...	[šnorhív ...]

wat (vn)	ինչ	[inč]
dat (vw)	որ	[vor]
iets (vn)	ինչ-որ բան	[inč vor bán]
iets	որևէ բան	[vórevē ban]
niets (vn)	ոչ մի բան	[voč mi ban]

wie (~ is daar?)	ով	[ov]
iemand (een onbekende)	ինչ-որ մեկը	[inč vor mékə]
iemand (een bepaald persoon)	որևէ մեկը	[vórevē mékə]

niemand (vn)	ոչ մեկ	[voč mek]
nergens (bw)	ոչ մի տեղ	[voč mi teġ]
niemands (bn)	ոչ մեկինը	[voč mekínə]
iemands (bn)	որևէ մեկինը	[vórevē mekínə]

zo (Ik ben ~ blij)	այնպես	[ajnpés]
ook (evenals)	նմանապես	[nmanapés]
alsook (eveneens)	նույնպես	[nújnpes]

18. Functiewoorden. Bijwoorden. Deel 2

Waarom?	Ինչո՞ւ	[inčú?]
om een bepaalde reden	չգիտես ինչու	[čgités inčú]
omdat ...	որովհետև, ...	[vorovhetév ...]
voor een bepaald doel	ինչ-որ նպատակով	[inč vor npatakóv]

en (vw)	և	[ev]
of (vw)	կամ	[kam]
maar (vw)	բայց	[bajtsʰ]
voor (vz)	համար	[hamár]

te (~ veel mensen)	չափազանց	[čapʰazántsʰ]
alleen (bw)	միայն	[miájn]
precies (bw)	ճիշտ	[čišt]
ongeveer (~ 10 kg)	մոտ	[mot]

omstreeks (bw)	մոտավորապես	[motavorapés]
bij benadering (bn)	մոտավոր	[motavór]
bijna (bw)	գրեթե	[grétʰe]
rest (de)	մնացածը	[mnatsʰátsə]

elk (bn)	յուրաքանչյուր	[jurakʰančjúr]
om het even welk	ցանկացած	[tsankatsʰáts]
veel (grote hoeveelheid)	շատ	[šat]
veel mensen	շատերը	[šatérə]
iedereen (alle personen)	բոլորը	[bolórə]
in ruil voor ...	ի փոխարեն ...	[i pʰoχarén ...]

in ruil (bw)	փոխարեն	[pʰoxarén]
met de hand (bw)	ձեռքով	[dzerkʰóv]
onwaarschijnlijk (bw)	հազիվ թե	[hazív tʰe]
waarschijnlijk (bw)	երևի	[ereví]
met opzet (bw)	դիտմամբ	[ditmámb]
toevallig (bw)	պատահաբար	[patahabár]
zeer (bw)	շատ	[šat]
bijvoorbeeld (bw)	օրինակ	[orinák]
tussen (~ twee steden)	միջև	[midʒév]
tussen (te midden van)	միջավայրում	[midʒavajrúm]
zoveel (bw)	այնքան	[ajnkʰán]
vooral (bw)	հատկապես	[hatkapés]

Basisbegrippen Deel 2

19. Dagen van de week

maandag (de)	երկուշաբթի	[erkušabtʰí]
dinsdag (de)	երեքշաբթի	[erekʰšabtʰí]
woensdag (de)	չորեքշաբթի	[čorekʰšabtʰí]
donderdag (de)	հինգշաբթի	[hingšabtʰí]
vrijdag (de)	ուրբաթ	[urbátʰ]
zaterdag (de)	շաբաթ	[šabátʰ]
zondag (de)	կիրակի	[kirakí]

vandaag (bw)	այսոր	[ajsór]
morgen (bw)	վաղը	[váɡə]
overmorgen (bw)	վաղը չէ մյուս օրը	[váɡə čē mjus órə]
gisteren (bw)	երեկ	[erék]
eergisteren (bw)	նախանցյալ օրը	[naχantsʰjál órə]

dag (de)	օր	[or]
werkdag (de)	աշխատանքային օր	[ašχatankʰajín or]
feestdag (de)	տոնական օր	[tonakán or]
verlofdag (de)	հանգստյան օր	[hangstján ór]
weekend (het)	շաբաթ, կիրակի	[šabátʰ, kirakí]

de hele dag (bw)	ամբողջ օր	[ambóɡdʒ ór]
de volgende dag (bw)	մյուս օրը	[mjus órə]
twee dagen geleden	երկու օր առաջ	[erkú or arádʒ]
aan de vooravond (bw)	նախորդ օրը	[naχórd órə]
dag-, dagelijks (bn)	ամենօրյա	[amenorjá]
elke dag (bw)	ամեն օր	[amén or]

week (de)	շաբաթ	[šabátʰ]
vorige week (bw)	անցյալ շաբաթ	[antsʰjál šabátʰ]
volgende week (bw)	հաջորդ շաբաթ	[hadʒórt shabát]
wekelijks (bn)	շաբաթական	[šabatʰakán]
elke week (bw)	շաբաթական	[šabatʰakán]
twee keer per week	շաբաթը երկու անգամ	[šabátʰə erkú angám]
elke dinsdag	ամեն երեքշաբթի	[amén erekʰšabtʰí]

20. Uren. Dag en nacht

morgen (de)	առավոտ	[aravót]
's morgens (bw)	առավոտյան	[aravotján]
middag (de)	կեսօր	[kesór]
's middags (bw)	ճաշից հետո	[čašítsʰ hetó]

avond (de)	երեկո	[erekó]
's avonds (bw)	երեկոյան	[erekoján]

Dutch	Armenian	Pronunciation
nacht (de)	գիշեր	[gišér]
's nachts (bw)	գիշերը	[gišérə]
middernacht (de)	կեսգիշեր	[kesgišér]
seconde (de)	վայրկյան	[vajrkján]
minuut (de)	րոպե	[ropé]
uur (het)	ժամ	[ʒam]
halfuur (het)	կես ժամ	[kes ʒam]
kwartier (het)	քառորդ ժամ	[kʰarórd ʒam]
vijftien minuten	տասնհինգ րոպե	[tasnhíng ropé]
etmaal (het)	օր	[or]
zonsopgang (de)	արևածագ	[arevatság]
dageraad (de)	արևածագ	[arevatság]
vroege morgen (de)	վաղ առավոտ	[vaġ aravót]
zonsondergang (de)	մայրամուտ	[majramút]
's morgens vroeg (bw)	վաղ առավոտյան	[váġ aravotján]
vanmorgen (bw)	այսօր առավոտյան	[ajsór aravotján]
morgenochtend (bw)	վաղը առավոտյան	[váġə aravotján]
vanmiddag (bw)	այսօր ցերեկը	[ajsór tsʰerékə]
's middags (bw)	ցաշից հետո	[čašítsʰ hetó]
morgenmiddag (bw)	վաղը ցաշից հետո	[váġə čašítsʰ hetó]
vanavond (bw)	այսօր երեկոյան	[ajsór erekoján]
morgenavond (bw)	վաղը երեկոյան	[váġə erekoján]
klokslag drie uur	ուղիղ ժամը երեքին	[uġíġ ʒámə erekʰín]
ongeveer vier uur	մոտ ժամը չորսին	[mot ʒámə čorsín]
tegen twaalf uur	մոտ ժամը տասներկուսին	[mot ʒámə tasnerkusín]
over twintig minuten	քսան րոպեից	[kʰsán ropeítsʰ]
over een uur	մեկ ժամից	[mek ʒamítsʰ]
op tijd (bw)	ժամանակին	[ʒamanakín]
kwart voor ...	տասնհինգ պակաս	[tasnhíng pakás]
binnen een uur	մեկ ժամվա ընթացքում	[mek ʒamvá entʰatsʰkʰúm]
elk kwartier	տասնհինգ րոպեն մեկ	[tasnhíng ropén mek]
de klok rond	ողջ օրը	[voġdʒ órə]

21. Maanden. Seizoenen

Dutch	Armenian	Pronunciation
januari (de)	հունվար	[hunvár]
februari (de)	փետրվար	[pʰetrvár]
maart (de)	մարտ	[mart]
april (de)	ապրիլ	[apríl]
mei (de)	մայիս	[majís]
juni (de)	հունիս	[hunís]
juli (de)	հուլիս	[hulís]
augustus (de)	օգոստոս	[ogostós]
september (de)	սեպտեմբեր	[septembér]
oktober (de)	հոկտեմբեր	[hoktembér]

Nederlands	Armeens	Uitspraak
november (de)	նոյեմբեր	[noembér]
december (de)	դեկտեմբեր	[dektembér]
lente (de)	գարուն	[garún]
in de lente (bw)	գարնանը	[garnánə]
lente- (abn)	գարնանային	[garnanajín]
zomer (de)	ամառ	[amár]
in de zomer (bw)	ամռանը	[amránə]
zomer-, zomers (bn)	ամառային	[amarajín]
herfst (de)	աշուն	[ašún]
in de herfst (bw)	աշնանը	[ašnánə]
herfst- (abn)	աշնանային	[ašnanajín]
winter (de)	ձմեռ	[dzmer]
in de winter (bw)	ձմռանը	[dzmránə]
winter- (abn)	ձմեռային	[dzmerajín]
maand (de)	ամիս	[amís]
deze maand (bw)	այս ամիս	[ajs amís]
volgende maand (bw)	մյուս ամիս	[mjús amís]
vorige maand (bw)	անցյալ ամիս	[antsʰjál amís]
een maand geleden (bw)	մեկ ամիս առաջ	[mek amís arádʒ]
over een maand (bw)	մեկ ամիս հետո	[mek amís hetó]
over twee maanden (bw)	երկու ամիս հետո	[erkú amís hetó]
de hele maand (bw)	ամբողջ ամիս	[ambóġdʒ amís]
een volle maand (bw)	ողջ ամիս	[voġdʒ amís]
maand-, maandelijks (bn)	ամսական	[amsakán]
maandelijks (bw)	ամեն ամիս	[amén amís]
elke maand (bw)	ամեն ամիս	[amén amís]
twee keer per maand	ամսական երկու անգամ	[amsakán erkú angám]
jaar (het)	տարի	[tarí]
dit jaar (bw)	այս տարի	[ajs tarí]
volgend jaar (bw)	մյուս տարի	[mjus tarí]
vorig jaar (bw)	անցյալ տարի	[antsʰjál tarí]
een jaar geleden (bw)	մեկ տարի առաջ	[mek tarí arádʒ]
over een jaar	մեկ տարի անց	[mek tarí ántsʰ]
over twee jaar	երկու տարի անց	[erkú tarí antsʰ]
het hele jaar	ամբողջ տարի	[ambóġdʒ tarí]
een vol jaar	ողջ տարի	[voġdʒ tarí]
elk jaar	ամեն տարի	[amén tarí]
jaar-, jaarlijks (bn)	տարեկան	[tarekán]
jaarlijks (bw)	ամեն տարի	[amén tarí]
4 keer per jaar	տարեկան չորս անգամ	[tarekán čórs angám]
datum (de)	ամսաթիվ	[amsatʰív]
datum (de)	ամսաթիվ	[amsatʰív]
kalender (de)	օրացույց	[oratsʰújtsʰ]
een half jaar	կես տարի	[kes tarí]
zes maanden	կիսամյակ	[kisamják]

| seizoen (bijv. lente, zomer) | սեզոն | [sezón] |
| eeuw (de) | դար | [dar] |

22. Meeteenheden

gewicht (het)	քաշ	[kʰaš]
lengte (de)	երկարություն	[erkarutʰjún]
breedte (de)	լայնություն	[lajnutʰjún]
hoogte (de)	բարձրություն	[bardzrutʰjún]
diepte (de)	խորություն	[χorutʰjún]
volume (het)	ծավալ	[tsavál]
oppervlakte (de)	մակերես	[makerés]

gram (het)	գրամ	[gram]
milligram (het)	միլիգրամ	[miligrám]
kilogram (het)	կիլոգրամ	[kilográm]
ton (duizend kilo)	տոննա	[tónna]
pond (het)	ֆունտ	[funt]
ons (het)	ունցիա	[úntsʰia]

meter (de)	մետր	[metr]
millimeter (de)	միլիմետր	[milimétr]
centimeter (de)	սանտիմետր	[santimétr]
kilometer (de)	կիլոմետր	[kilométr]
mijl (de)	մղոն	[mġon]

duim (de)	դյույմ	[djujm]
voet (de)	ֆուտ	[futʰ]
yard (de)	յարդ	[jard]

| vierkante meter (de) | քառակուսի մետր | [kʰarakusí métr] |
| hectare (de) | հեկտար | [hektár] |

liter (de)	լիտր	[litr]
graad (de)	աստիճան	[astičán]
volt (de)	վոլտ	[volt]
ampère (de)	ամպեր	[ampér]
paardenkracht (de)	ձիաուժ	[dziaúʒ]

hoeveelheid (de)	քանակ	[kʰanák]
een beetje ...	մի փոքր ...	[mi pʰokʰr ...]
helft (de)	կես	[kes]

| dozijn (het) | դյուժին | [djuʒín] |
| stuk (het) | հատ | [hat] |

| afmeting (de) | չափս | [čapʰs] |
| schaal (bijv. ~ van 1 op 50) | մասշտաբ | [masštáb] |

minimaal (bn)	նվազագույն	[nvazagújn]
minste (bn)	փոքրագույն	[pʰokʰragújn]
medium (bn)	միջին	[miʤín]
maximaal (bn)	առավելագույն	[aravelagújn]
grootste (bn)	մեծագույն	[metsagújn]

23. Containers

glazen pot (de)	բանկա	[banká]
blik (conserven~)	տարա	[tará]
emmer (de)	դույլ	[dujl]
ton (bijv. regenton)	տակառ	[takár]
ronde waterbak (de)	թաս	[tʰas]
tank (bijv. watertank-70-ltr)	բաք	[bakʰ]
heupfles (de)	տափակաշիշ	[tapʰakašíš]
jerrycan (de)	թիթեղ	[tʰitʰég]
tank (bijv. ketelwagen)	ցիստեռն	[tsʰistérn]
beker (de)	գավաթ	[gavátʰ]
kopje (het)	բաժակ	[baʒák]
schoteltje (het)	պնակ	[pnak]
glas (het)	բաժակ	[baʒák]
wijnglas (het)	գավաթ	[gavátʰ]
pan (de)	կաթսա	[katʰsá]
fles (de)	շիշ	[šiš]
flessenhals (de)	բերան	[berán]
karaf (de)	գրաֆին	[grafín]
kruik (de)	սափոր	[sapʰór]
vat (het)	անոթ	[anótʰ]
pot (de)	կճուճ	[kčuč]
vaas (de)	վազա	[váza]
flacon (de)	սրվակ	[srvak]
flesje (het)	սրվակիկ	[srvakík]
tube (bijv. ~ tandpasta)	պարկուճ	[parkúč]
zak (bijv. ~ aardappelen)	պարկ	[park]
tasje (het)	տոպրակ	[toprák]
pakje (~ sigaretten, enz.)	տուփ	[tupʰ]
doos (de)	տուփ	[tupʰ]
kist (de)	դարակ	[darák]
mand (de)	զամբյուղ	[zambjúġ]

T&P Books. Thematische woordenschat Nederlands-Armeens - 5000 woorden

MENS

Mens. Het lichaam

24. Hoofd

hoofd (het)	գլուխ	[glux]
gezicht (het)	երես	[erés]
neus (de)	քիթ	[kʰitʰ]
mond (de)	բերան	[berán]
oog (het)	աչք	[ačkʰ]
ogen (mv.)	աչքեր	[ačkʰér]
pupil (de)	բիբ	[bib]
wenkbrauw (de)	ունք	[unkʰ]
wimper (de)	թարթիչ	[tʰartʰíč]
ooglid (het)	կոպ	[kap]
tong (de)	լեզու	[lezú]
tand (de)	ատամ	[atám]
lippen (mv.)	շրթունքներ	[šrtʰunkʰnér]
jukbeenderen (mv.)	այտոսկրեր	[ajtoskrér]
tandvlees (het)	լինդ	[lind]
gehemelte (het)	քիմք	[kimkʰ]
neusgaten (mv.)	քթածակեր	[kʰtʰatsakér]
kin (de)	կզակ	[kzak]
kaak (de)	ծնոտ	[tsnot]
wang (de)	այտ	[ajt]
voorhoofd (het)	ճակատ	[čakát]
slaap (de)	քներակ	[kʰnerák]
oor (het)	ականջ	[akándʒ]
achterhoofd (het)	ծոծրակ	[tsotsrák]
hals (de)	պարանոց	[paranótsʰ]
keel (de)	կոկորդ	[kokórd]
haren (mv.)	մազեր	[mazér]
kapsel (het)	սանրվածք	[sanrvátskʰ]
haarsnit (de)	սանրվածք	[sanrvátskʰ]
pruik (de)	կեղծամ	[keġtsám]
snor (de)	բեղեր	[beġér]
baard (de)	մորուք	[morúkʰ]
dragen (een baard, enz.)	կրել	[krel]
vlecht (de)	հյուս	[hjus]
bakkebaarden (mv.)	այտամորուք	[ajtamorúkʰ]
ros (roodachtig, rossig)	շիկահեր	[šikahér]
grijs (~ haar)	ալեհեր	[alehér]

29

T&P Books. Thematische woordenschat Nederlands-Armeens - 5000 woorden

kaal (bn)	ճաղատ	[čaġát]
kale plek (de)	ճաղատ	[čaġát]

paardenstaart (de)	պոչ	[poč]
pony (de)	մազափունջ	[mazapʰúndʒ]

25. Menselijk lichaam

hand (de)	դաստակ	[dasták]
arm (de)	թև	[tʰev]

vinger (de)	մատ	[mat]
duim (de)	բութ մատ	[butʰ mát]
pink (de)	ճկույթ	[čkujtʰ]
nagel (de)	եղունգ	[eġúng]

vuist (de)	բռունցք	[brunt͡sʰkʰ]
handpalm (de)	ափ	[apʰ]
pols (de)	դաստակ	[dasták]
voorarm (de)	նախաբազուկ	[naχabazúk]
elleboog (de)	արմունկ	[armúnk]
schouder (de)	ուս	[us]

been (rechter ~)	ոտք	[votkʰ]
voet (de)	ոտնաթաթ	[votnatʰátʰ]
knie (de)	ծունկ	[t͡sunk]
kuit (de)	սրունք	[srunkʰ]
heup (de)	ազդր	[azdr]
hiel (de)	կրունկ	[krunk]

lichaam (het)	մարմին	[marmín]
buik (de)	փոր	[pʰor]
borst (de)	կրծքավանդակ	[krt͡skʰavandák]
borst (de)	կուրծք	[kurt͡skʰ]
zijde (de)	կող	[koġ]
rug (de)	մեջք	[medʒkʰ]
lage rug (de)	գոտկատեղ	[gotkatéġ]
taille (de)	գոտկատեղ	[gotkatéġ]

navel (de)	պորտ	[port]
billen (mv.)	նստատեղ	[nstatéġ]
achterwerk (het)	հետույք	[hetújkʰ]

huidvlek (de)	խալ	[χal]
tatoeage (de)	դաջվածք	[dadʒvát͡skʰ]
litteken (het)	սպի	[spi]

Kleding en accessoires

26. Bovenkleding. Jassen

kleren (mv.)	հագուստ	[hagúst]
bovenkleding (de)	վերնազգեստ	[vernazgést]
winterkleding (de)	ձմեռային հագուստ	[dzmerajín hagúst]
jas (de)	վերարկու	[verarkú]
bontjas (de)	մուշտակ	[mušták]
bontjasje (het)	կիսամուշտակ	[kisamušták]
donzen jas (de)	բմբուլե բաճկոն	[bmbulé bačkón]
jasje (bijv. een leren ~)	բաճկոն	[bačkón]
regenjas (de)	թիկնոց	[tʰiknótsʰ]
waterdicht (bn)	անջրանցիկ	[andzrantsʰík]

27. Heren & dames kleding

overhemd (het)	վերնաշապիկ	[vernašapík]
broek (de)	տաբատ	[tabát]
jeans (de)	ջինսեր	[dʒinsér]
colbert (de)	պիջակ	[pidʒák]
kostuum (het)	կոստյում	[kostjúm]
jurk (de)	զգեստ	[zgest]
rok (de)	շրջազգեստ	[šrdʒazgést]
blouse (de)	բլուզ	[bluz]
wollen vest (de)	կոֆտա	[koftá]
blazer (kort jasje)	ժակետ	[ʒakét]
T-shirt (het)	մարզաշապիկ	[marzašapík]
shorts (mv.)	կարճ տաբատ	[karč tabát]
trainingspak (het)	մարզազգեստ	[marzazgést]
badjas (de)	խալաթ	[xalátʰ]
pyjama (de)	նոչազգեստ	[nndʒazgést]
sweater (de)	սվիտեր	[svitér]
pullover (de)	պուլովեր	[pulóver]
gilet (het)	բաճկոնակ	[bačkonák]
rokkostuum (het)	ֆրակ	[frak]
smoking (de)	սմոկինգ	[smóking]
uniform (het)	համազգեստ	[hamazgést]
werkkleding (de)	աշխատանքային համազգեստ	[ašxatankʰajín hamazgést]
overall (de)	կոմբինեզոն	[kombinezón]
doktersjas (de)	խալաթ	[xalátʰ]

28. Kleding. Ondergoed

ondergoed (het)	ներքնազգեստ	[nerkʰnazgést]
onderhemd (het)	ներքնաշապիկ	[nerkʰnašapík]
sokken (mv.)	կիսագուլպա	[kisagulpá]
nachthemd (het)	գիշերանոց	[gišeranótsʰ]
beha (de)	կրծկալ	[krtskʰákal]
kniekousen (mv.)	կարճ գուլպաներ	[karč gulpanér]
panty (de)	զուգագուլպա	[zugagulpá]
nylonkousen (mv.)	գուլպաներ	[gulpanér]
badpak (het)	լողազգեստ	[loġazgést]

29. Hoofddeksels

hoed (de)	գլխարկ	[glχark]
deukhoed (de)	եզրավոր գլխարկ	[ezravór glχárk]
honkbalpet (de)	մարզագլխարկ	[marzaglχárk]
kleppet (de)	կեպի	[képi]
baret (de)	բերետ	[berét]
kap (de)	գլխանոց	[glχanótsʰ]
panamahoed (de)	պանամա	[panáma]
gebreide muts (de)	գործած գլխարկ	[gortsáts glχárk]
hoofddoek (de)	գլխաշոր	[glχašór]
dameshoed (de)	գլխարկիկ	[glχarkík]
veiligheidshelm (de)	սաղավարտ	[saġavárt]
veldmuts (de)	պիլոտկա	[pilótka]
helm, valhelm (de)	սաղավարտ	[saġavárt]
bolhoed (de)	կոտելոկ	[kotelók]
hoge hoed (de)	գլանագլխարկ	[glanaglχárk]

30. Schoeisel

schoeisel (het)	կոշիկ	[košík]
schoenen (mv.)	ճտքավոր կոշիկներ	[čtkʰavór košiknér]
vrouwenschoenen (mv.)	կոշիկներ	[košiknér]
laarzen (mv.)	երկարաճիտ կոշիկներ	[erkaračít košiknér]
pantoffels (mv.)	հողաթափեր	[hoġatʰapʰér]
sportschoenen (mv.)	բոթասներ	[botʰasnér]
sneakers (mv.)	մարզական կոշիկներ	[marzakán košiknér]
sandalen (mv.)	սանդալներ	[sandalnér]
schoenlapper (de)	կոշկակար	[koškakár]
hiel (de)	կրունկ	[krunk]
paar (een ~ schoenen)	զույգ	[zujg]
veter (de)	կոշկակապ	[koškakáp]

rijgen (schoenen ~)	կոշկակապել	[koškakapél]
schoenlepel (de)	թիակ	[tʰiak]
schoensmeer (de/het)	կոշիկի քսուք	[košikí ksúkʰ]

31. Persoonlijke accessoires

handschoenen (mv.)	ձեռնոցներ	[dzernotsʰnér]
wanten (mv.)	ձեռնոց	[dzernótsʰ]
sjaal (fleece ~)	շարֆ	[šarf]

bril (de)	ակնոց	[aknótsʰ]
brilmontuur (het)	շրջանակ	[šrdʒanák]
paraplu (de)	հովանոց	[hovanótsʰ]
wandelstok (de)	ձեռնափայտ	[dzernapʰájt]
haarborstel (de)	մազերի խոզանակ	[mazerí χozanák]
waaier (de)	հովհար	[hovhár]

das (de)	փողկապ	[pʰoǵkáp]
strikje (het)	փողկապ-թիթեռնիկ	[pʰoǵkáp tʰitʰerník]
bretels (mv.)	տաբատակալ	[tabatakál]
zakdoek (de)	թաշկինակ	[tʰaškinák]

kam (de)	սանր	[sanr]
haarspeldje (het)	մազակալ	[mazakál]
schuifspeldje (het)	ծամկալ	[tsamkál]
gesp (de)	ճարմանդ	[čarmánd]

| broekriem (de) | գոտի | [gotí] |
| draagriem (de) | փոկ | [pʰok] |

handtas (de)	պայուսակ	[pajusák]
damestas (de)	կանացի պայուսակ	[kanatcʰí pajusák]
rugzak (de)	ուղեպարկ	[uǵepárk]

32. Kleding. Diversen

mode (de)	նորաձևություն	[noradzevutʰjún]
de mode (bn)	նորաձև	[noradzév]
kledingstilist (de)	մոդելյեր	[modelér]

kraag (de)	օձիք	[odzíkʰ]
zak (de)	գրպան	[grpan]
zak- (abn)	գրպանի	[grpaní]
mouw (de)	թև	[tʰevkʰ]
lusje (het)	կախիչ	[kaχíč]
gulp (de)	լայնույթ	[lajnújtʰ]

rits (de)	կայծակաճարմանդ	[kajtsaka čarmánd]
sluiting (de)	ճարմանդ	[čarmánd]
knoop (de)	կոճակ	[kočák]
knoopsgat (het)	հանգույց	[hangújtsʰ]
losraken (bijv. knopen)	պոկվել	[pokvél]

naaien (kleren, enz.)	կարել	[karél]
borduren (ww)	ասեղնագործել	[aseǵnagortsél]
borduursel (het)	ասեղնագործություն	[aseǵnagortsutʰjún]
naald (de)	ասեղ	[aséǵ]
draad (de)	թել	[tʰel]
naad (de)	կար	[kar]

vies worden (ww)	կեղտոտվել	[keǵtotvél]
vlek (de)	բիծ	[bits]
gekreukt raken (ov. kleren)	ճմրթվել	[čmrtʰel]
scheuren (ov.ww.)	ճղվել	[čǵvel]
mot (de)	ցեց	[tsʰetsʰ]

33. Persoonlijke verzorging. Schoonheidsmiddelen

tandpasta (de)	ատամի մածուկ	[atamí matsúk]
tandenborstel (de)	ատամի խոզանակ	[atamí χozanák]
tanden poetsen (ww)	ատամները մաքրել	[atamnérə makʰrél]

scheermes (het)	ածելի	[atselí]
scheerschuim (het)	սափրվելու կրեմ	[sapʰrvelú krem]
zich scheren (ww)	սափրվել	[sapʰrvél]

| zeep (de) | օճառ | [očár] |
| shampoo (de) | շամպուն | [šampún] |

schaar (de)	մկրատ	[mkrat]
nagelvijl (de)	խարտոց	[χartótsʰ]
nagelknipper (de)	ունելիք	[unelíkʰ]
pincet (het)	ունելի	[unelí]

cosmetica (mv.)	կոսմետիկա	[kosmétika]
masker (het)	դիմակ	[dimák]
manicure (de)	մանիկյուր	[manikjúr]
manicure doen	մատնահարդարում	[matnahardarúm]
pedicure (de)	պեդիկյուր	[pedikjúr]

cosmetica tasje (het)	կոսմետիկայի պայուսակ	[kosmetikají pajusák]
poeder (de/het)	դիմափոշի	[dimapʰošíj]
poederdoos (de)	դիմափոշու աման	[dimapʰošú amán]
rouge (de)	կարմրաներկ	[karmranérk]

parfum (de/het)	օծանելիք	[otsanelíkʰ]
eau de toilet (de)	անուշահոտ ջուր	[anušahót dʒur]
lotion (de)	լոսյոն	[losjón]
eau de cologne (de)	օդեկոլոն	[odekolón]

oogschaduw (de)	կոպերի ներկ	[koperí nérk]
oogpotlood (het)	աչքի մատիտ	[ačkʰí matít]
mascara (de)	տուշ	[tuš]

lippenstift (de)	շրթներկ	[šrtʰnerk]
nagellak (de)	եղունգների լաք	[eǵungnerí lákʰ]
haarlak (de)	մազերի լաք	[mazerí lakʰ]

T&P Books. Thematische woordenschat Nederlands-Armeens - 5000 woorden

deodorant (de)	դեզոդորանտ	[dezodoránt]
crème (de)	կրեմ	[krem]
gezichtscrème (de)	դեմքի կրեմ	[demkʰí krem]
handcrème (de)	ձեռքի կրեմ	[dzerkʰí krem]
antirimpelcrème (de)	կնճիռների դեմ կրեմ	[knčirnerí dém krém]
dag- (abn)	ցերեկային	[tsʰerekajín]
nacht- (abn)	գիշերային	[gišerajín]
tampon (de)	տամպոն	[tampón]
toiletpapier (het)	զուգարանի թուղթ	[zugaraní tʰúġtʰ]
föhn (de)	ֆեն	[fen]

34. Horloges. Klokken

polshorloge (het)	ձեռքի ժամացույց	[dzerkʰí ʒamatsʰújtsʰ]
wijzerplaat (de)	թվահարթակ	[tʰvahartʰák]
wijzer (de)	սլաք	[slakʰ]
metalen horlogeband (de)	շղթա	[šġtʰa]
horlogebandje (het)	փոկ	[pʰok]

batterij (de)	մարտկոց	[martkótsʰ]
leeg zijn (ww)	նստել	[nstel]
batterij vervangen	մարտկոցը փոխել	[martkótsʰə pʰoχél]
voorlopen (ww)	առաջ ընկնել	[arádʒ ənknél]
achterlopen (ww)	ետ ընկնել	[et ənknél]

wandklok (de)	պատի ժամացույց	[patí ʒamatsʰújtsʰ]
zandloper (de)	ավազի ժամացույց	[avazí ʒamatsʰújtsʰ]
zonnewijzer (de)	արևի ժամացույց	[areví ʒamatsʰújtsʰ]
wekker (de)	զարթուցիչ	[zartʰutsʰíč]
horlogemaker (de)	ժամագործ	[ʒamagórtsʰ]
repareren (ww)	նորոգել	[norogél]

Voedsel. Voeding

35. Voedsel

vlees (het)	միս	[mis]
kip (de)	հավ	[hav]
kuiken (het)	ճուտ	[čut]
eend (de)	բադ	[bad]
gans (de)	սագ	[sag]
wild (het)	որսամիս	[vorsamís]
kalkoen (de)	հնդկահավ	[hndkaháv]

varkensvlees (het)	խոզի միս	[xozí mis]
kalfsvlees (het)	հորթի միս	[hortʰí mís]
schapenvlees (het)	ոչխարի միս	[vočxarí mis]
rundvlees (het)	տավարի միս	[tavarí mis]
konijnenvlees (het)	ճագար	[čagár]

worst (de)	երշիկ	[eršík]
saucijs (de)	նրբերշիկ	[nrberšík]
spek (het)	բեկոն	[bekón]
ham (de)	խոզապուխտ	[xozapúxt]
gerookte achterham (de)	ազդր	[azdr]

paté (de)	պաշտետ	[paštét]
lever (de)	լյարդ	[ljard]
gehakt (het)	աղացած միս	[aġatsʰáts mis]
tong (de)	լեզու	[lezú]

ei (het)	ձու	[dzu]
eieren (mv.)	ձվեր	[dzver]
eiwit (het)	սպիտակուց	[spitakútsʰ]
eigeel (het)	դեղնուց	[deġnútsʰ]

vis (de)	ձուկ	[dzuk]
zeevruchten (mv.)	ծովամթերքներ	[tsovamtʰerkʰnér]
kaviaar (de)	ձկնկիթ	[dzknkitʰ]

krab (de)	ծովախեցգետին	[tsovaxetsʰgetín]
garnaal (de)	մանր ծովախեցգետին	[mánr tsovaxetsʰgetín]
oester (de)	ոստրե	[vostré]
langoest (de)	լանգուստ	[langúst]
octopus (de)	ութոտնուկ	[utʰotnúk]
inktvis (de)	կաղամար	[kaġamár]

steur (de)	թառափ	[tʰarápʰ]
zalm (de)	սաղման	[saġmán]
heilbot (de)	վահանաձուկ	[vahanadzúk]
kabeljauw (de)	ձողաձուկ	[dzoġadzúk]
makreel (de)	թյունիկ	[tʰjuník]

tonijn (de)	թյունու	[tʰjunnós]
paling (de)	օձաձուկ	[odzadzúk]
forel (de)	իշխան	[išxán]
sardine (de)	սարդինա	[sardína]
snoek (de)	գայլաձուկ	[gajladzúk]
haring (de)	ծովատառեխ	[tsovataréx]
brood (het)	հաց	[hatsʰ]
kaas (de)	պանիր	[panír]
suiker (de)	շաքար	[šakʰár]
zout (het)	աղ	[aǵ]
rijst (de)	բրինձ	[brindz]
pasta (de)	մակարոն	[makarón]
noedels (mv.)	լապշա	[lapʰšá]
boter (de)	սերուցքային կարագ	[serutsʰkʰajín karág]
plantaardige olie (de)	բուսական յուղ	[busakán júǵ]
zonnebloemolie (de)	արևածաղկի ձեթ	[arevatsaǵkí dzetʰ]
margarine (de)	մարգարին	[margarín]
olijven (mv.)	ձիթապտուղ	[zeytún]
olijfolie (de)	ձիթապտղի ձեթ	[dzitʰaptǵí dzetʰ]
melk (de)	կաթ	[katʰ]
gecondenseerde melk (de)	խտացրած կաթ	[xtatsʰráts kátʰ]
yoghurt (de)	յոգուրտ	[jogúrt]
zure room (de)	թթվասեր	[tʰtʰvasér]
room (de)	սերուցք	[serútsʰkʰ]
mayonaise (de)	մայոնեզ	[majonéz]
crème (de)	կրեմ	[krem]
graan (het)	ձավար	[dzavár]
meel (het), bloem (de)	ալյուր	[aljúr]
conserven (mv.)	պահածոներ	[pahatsonér]
maïsvlokken (mv.)	եգիպտացորենի փաթիլներ	[egiptatsʰorení pʰatʰilnér]
honing (de)	մեղր	[meǵr]
jam (de)	ջեմ	[dʒem]
kauwgom (de)	մաստակ	[masták]

36. Drankjes

water (het)	ջուր	[dʒur]
drinkwater (het)	խմելու ջուր	[xmelú dʒur]
mineraalwater (het)	հանքային ջուր	[hankʰajín dʒúr]
zonder gas	առանց գազի	[aránts gazí]
koolzuurhoudend (bn)	գազավորված	[gazavorváts]
bruisend (bn)	գազով	[gazóv]
ijs (het)	սառույց	[sarújtsʰ]
met ijs	սառույցով	[sarutsʰóv]

T&P Books. Thematische woordenschat Nederlands-Armeens - 5000 woorden

alcohol vrij (bn)	ոչ ալկոհոլային	[voč alkoholajín]
alcohol vrije drank (de)	ոչ ալկոհոլային ըմպելիք	[voč alkoholajín əmpelíkʰ]
frisdrank (de)	զովացուցիչ ըմպելիք	[zovatsʰutsʰíč əmpelíkʰ]
limonade (de)	լիմոնադ	[limonád]

alcoholische dranken (mv.)	ալկոհոլային խմիչքներ	[alkoholajín χmičkʰnér]
wijn (de)	գինի	[giní]
witte wijn (de)	սպիտակ գինի	[spiták giní]
rode wijn (de)	կարմիր գինի	[karmír giní]

likeur (de)	լիկյոր	[likjor]
champagne (de)	շամպայն	[šampájn]
vermout (de)	վերմուտ	[vérmut]

whisky (de)	վիսկի	[víski]
wodka (de)	օղի	[oġí]
gin (de)	ջին	[dʒin]
cognac (de)	կոնյակ	[konják]
rum (de)	ռում	[rom]

koffie (de)	սուրճ	[surč]
zwarte koffie (de)	սև սուրճ	[sev surč]
koffie (de) met melk	կաթով սուրճ	[katʰóv súrč]
cappuccino (de)	սերուցքով սուրճ	[serutsʰkʰóv surč]
oploskoffie (de)	լուծվող սուրճ	[lutsvóġ súrč]

melk (de)	կաթ	[katʰ]
cocktail (de)	կոկտեյլ	[koktéjl]
milkshake (de)	կաթնային կոկտեյլ	[katʰnajín koktéjl]

sap (het)	հյութ	[hjutʰ]
tomatensap (het)	տոմատի հյութ	[tomatí hjútʰ]
sinaasappelsap (het)	նարնջի հյութ	[narndʒí hjutʰ]
vers geperst sap (het)	թարմ քամված հյութ	[tʰarm kʰamváts hjutʰ]

bier (het)	գարեջուր	[garedʒúr]
licht bier (het)	բաց գարեջուր	[batsʰ garedʒúr]
donker bier (het)	մուգ գարեջուր	[múg garedʒúr]

thee (de)	թեյ	[tʰej]
zwarte thee (de)	սև թեյ	[sev tʰej]
groene thee (de)	կանաչ թեյ	[kanáč tʰej]

37. Groenten

groenten (mv.)	բանջարեղեն	[bandʒareġén]
verse kruiden (mv.)	կանաչի	[kanačí]

tomaat (de)	լոլիկ	[lolík]
augurk (de)	վարունգ	[varúng]
wortel (de)	գազար	[gazár]
aardappel (de)	կարտոֆիլ	[kartofíl]
ui (de)	սոխ	[soχ]
knoflook (de)	սխտոր	[sχtor]

38

kool (de) կաղամբ [kaġámb]
bloemkool (de) ծաղկակաղամբ [tsaġkakaġámb]
spruitkool (de) բրյուսելյան կաղամբ [brjuselján kaġámb]
broccoli (de) կաղամբ բրոկոլի [kaġámb brokóli]

rode biet (de) բազուկ [bazúk]
aubergine (de) սմբուկ [smbuk]
courgette (de) դդմիկ [ddmik]
pompoen (de) դդում [ddum]
raap (de) շաղգամ [šaġgám]

peterselie (de) մաղադանոս [maġadanós]
dille (de) սամիթ [samítʰ]
sla (de) սալաթ [salátʰ]
selderij (de) նեխուր [neχúr]
asperge (de) ծնեբեկ [tsnebék]
spinazie (de) սպինատ [spinát]

erwt (de) սիսեռ [sisér]
bonen (mv.) լոբի [lobí]
maïs (de) եգիպտացորեն [egiptatsʰorén]
nierboon (de) լոբի [lobí]

peper (de) պղպեղ [pġpeġ]
radijs (de) բողկ [boġk]
artisjok (de) արտիճուկ [artičúk]

38. Vruchten. Noten

vrucht (de) միրգ [mirg]
appel (de) խնձոր [χndzor]
peer (de) տանձ [tandz]
citroen (de) կիտրոն [kitrón]
sinaasappel (de) նարինջ [naríndʒ]
aardbei (de) ելակ [elák]

mandarijn (de) մանդարին [mandarín]
pruim (de) սալոր [salór]
perzik (de) դեղձ [deġdz]
abrikoos (de) ծիրան [tsirán]
framboos (de) մորի [morí]
ananas (de) արքայախնձոր [arkʰajaχndzór]

banaan (de) բանան [banán]
watermeloen (de) ձմերուկ [dzmerúk]
druif (de) խաղող [χaġóġ]
zure kers (de) բալ [bal]
zoete kers (de) կեռաս [kerás]
meloen (de) սեխ [seχ]

grapefruit (de) գրեյպֆրուտ [grejpfrút]
avocado (de) ավոկադո [avokádo]
papaja (de) պապայա [papája]
mango (de) մանգո [mángo]

39

granaatappel (de)	նուռ	[nur]
rode bes (de)	կարմիր հաղարջ	[karmír haġárdʒ]
zwarte bes (de)	սև հաղարջ	[sév haġárdʒ]
kruisbes (de)	հաղարջ	[haġárdʒ]
blauwe bosbes (de)	հապալաս	[hapalás]
braambes (de)	մոշ	[moš]
rozijn (de)	չամիչ	[čamíč]
vijg (de)	թուզ	[tʰuz]
dadel (de)	արմավ	[armáv]
pinda (de)	գետնընկույզ	[getnənkújz]
amandel (de)	նուշ	[nuš]
walnoot (de)	ընկույզ	[ənkújz]
hazelnoot (de)	պնդուկ	[pnduk]
kokosnoot (de)	կոկոսի ընկույզ	[kokósi ənkújz]
pistaches (mv.)	պիստակ	[pisták]

39. Brood. Snoep

suikerbakkerij (de)	հրուշակեղեն	[hrušakeġén]
brood (het)	հաց	[hatsʰ]
koekje (het)	թխվածքաբլիթ	[tʰχvatskʰablítʰ]
chocolade (de)	շոկոլադ	[šokolád]
chocolade- (abn)	շոկոլադե	[šokoladé]
snoepje (het)	կոնֆետ	[konfét]
cakeje (het)	հրուշակ	[hrušák]
taart (bijv. verjaardags~)	տորթ	[tortʰ]
pastei (de)	կարկանդակ	[karkandák]
vulling (de)	լցոն	[ltsʰon]
confituur (de)	մուրաբա	[murabá]
marmelade (de)	մարմելադ	[marmelád]
wafel (de)	վաֆլի	[vaflí]
ijsje (het)	պաղպաղակ	[paġpaġák]

40. Bereide gerechten

gerecht (het)	ճաշատեսակ	[čašatesák]
keuken (bijv. Franse ~)	խոհանոց	[χohanótsʰ]
recept (het)	բաղադրատոմս	[baġadratóms]
portie (de)	բաժին	[baʒín]
salade (de)	աղցան	[aġtsʰán]
soep (de)	ապուր	[apúr]
bouillon (de)	մսաջուր	[msadʒúr]
boterham (de)	բրդուճ	[brdúč]
spiegelei (het)	ձվածեղ	[dzvatséġ]
hamburger (de)	համբուրգեր	[hamburgér]

biefstuk (de)	բիֆշտեքս	[bifštékʰs]
garnering (de)	զարդիր	[garnír]
spaghetti (de)	սպագետի	[spagétti]
aardappelpuree (de)	կարտոֆիլի պյուրե	[kartofilí pjuré]
pizza (de)	պիցցա	[pítsʰa]
pap (de)	շիլա	[šilá]
omelet (de)	ձվածեղ	[dzvatség]

gekookt (in water)	եփած	[epʰáts]
gerookt (bn)	ապխտած	[apχtáts]
gebakken (bn)	տապակած	[tapakáts]
gedroogd (bn)	չորացրած	[čoratsʰráts]
diepvries (bn)	սառեցված	[saretsʰváts]
gemarineerd (bn)	մարինացված	[marinatsʰváts]

zoet (bn)	քաղցր	[kʰaġtsʰr]
gezouten (bn)	աղի	[aġí]
koud (bn)	սառը	[sárə]
heet (bn)	տաք	[takʰ]
bitter (bn)	դառը	[dárə]
lekker (bn)	համեղ	[hamég]

koken (in kokend water)	եփել	[epʰél]
bereiden (avondmaaltijd ~)	պատրաստել	[patrastél]
bakken (ww)	տապակել	[tapakél]
opwarmen (ww)	տաքացնել	[takʰatsʰnél]

zouten (ww)	աղ անել	[aġ anél]
peperen (ww)	պղպեղ անել	[pġpéġ anél]
raspen (ww)	քերել	[kʰerél]
schil (de)	կլեպ	[klep]
schillen (ww)	կլպել	[klpel]

41. Kruiden

zout (het)	աղ	[aġ]
gezouten (bn)	աղի	[aġí]
zouten (ww)	աղ անել	[aġ anél]

zwarte peper (de)	սև պղպեղ	[sev pġpéġ]
rode peper (de)	կարմիր պղպեղ	[karmír pġpéġ]
mosterd (de)	մանանեխ	[mananéχ]
mierikswortel (de)	ծովաբողկ	[tsovabógk]

condiment (het)	համեմունք	[hamemúnkʰ]
specerij, kruiderij (de)	համեմունք	[hamemúnkʰ]
saus (de)	սոուս	[soús]
azijn (de)	քացախ	[kʰatsʰáχ]

anijs (de)	անիսոն	[anisón]
basilicum (de)	ռեհան	[rehán]
kruidnagel (de)	մեխակ	[meχák]
gember (de)	իմբիր	[imbír]
koriander (de)	գինձ	[gindz]

kaneel (de/het) դարչին [darčín]
sesamzaad (het) քնջութ [kʰndʒutʰ]
laurierblad (het) դափնու տերև [dapʰnú terév]
paprika (de) պապրիկա [páprika]
komijn (de) չաման [čamán]
saffraan (de) շաֆրան [šafrán]

42. Maaltijden

eten (het) կերակուր [kerakúr]
eten (ww) ուտել [utél]

ontbijt (het) նախաճաշ [naχačáš]
ontbijten (ww) նախաճաշել [naχačašél]
lunch (de) ճաշ [čaš]
lunchen (ww) ճաշել [čašél]
avondeten (het) ընթրիք [əntʰríkʰ]
souperen (ww) ընթրել [əntʰrél]

eetlust (de) ախորժակ [aχorʒák]
Eet smakelijk! Բարի ախորժակ [barí aχorʒák]

openen (een fles ~) բացել [batsʰél]
morsen (koffie, enz.) թափել [tʰapʰél]
zijn gemorst թափվել [tʰapʰvél]
koken (water kookt bij 100°C) եռալ [erál]
koken (Hoe om water te ~) եռացնել [eratsʰnél]
gekookt (~ water) եռացրած [eratsʰráts]
afkoelen (koeler maken) սառեցնել [saretsʰnél]
afkoelen (koeler worden) սառեցվել [saretsʰvél]

smaak (de) համ [ham]
nasmaak (de) կողմնակի համ [koġmnakí ham]

volgen een dieet նիհարել [niharél]
dieet (het) սննդակարգ [snndakárg]
vitamine (de) վիտամին [vitamín]
calorie (de) կալորիա [kalória]
vegetariër (de) բուսակեր [busakér]
vegetarisch (bn) բուսակերական [busakerakán]

vetten (mv.) ճարպեր [čarpér]
eiwitten (mv.) սպիտակուցներ [spitakutsʰnér]
koolhydraten (mv.) ածխաջրեր [atsχadʒrér]
snede (de) պատառ [patár]
stuk (bijv. een ~ taart) կտոր [ktor]
kruimel (de) փշուր [pʰšur]

43. Tafelschikking

lepel (de) գդալ [gdal]
mes (het) դանակ [danák]

vork (de)	պատառաքաղ	[patarakʰáǵ]
kopje (het)	բաժակ	[baʒák]
bord (het)	ափսե	[apʰsé]
schoteltje (het)	պնակ	[pnak]
servet (het)	անձեռոցիկ	[andzerotsʰík]
tandenstoker (de)	ատամնափորիչ	[atamnapʰorĭč]

44. Restaurant

restaurant (het)	ռեստորան	[restorán]
koffiehuis (het)	սրճարան	[srčarán]
bar (de)	բար	[bar]
tearoom (de)	թեյարան	[tʰejarán]
kelner, ober (de)	մատուցող	[matutsʰóǵ]
serveerster (de)	մատուցողուհի	[matutsʰoǵuhí]
barman (de)	բարմեն	[barmén]
menu (het)	մենյու	[menjú]
wijnkaart (de)	գինիների գրացանկ	[gininerí gratsʰánk]
een tafel reserveren	սեղան պատվիրել	[seǵán patvirél]
gerecht (het)	ուտեստ	[utést]
bestellen (eten ~)	պատվիրել	[patvirél]
een bestelling maken	պատվեր կատարել	[patvér katarél]
aperitief (de/het)	ապերիտիվ	[aperitív]
voorgerecht (het)	խորտիկ	[xortík]
dessert (het)	աղանդեր	[aǵandér]
rekening (de)	հաշիվ	[hašív]
de rekening betalen	հաշիվը վճարել	[hašívə pʰakél]
wisselgeld teruggeven	մանրը վերադարձնել	[mánrə veradartsnél]
fooi (de)	թեյափող	[tʰejapʰóǵ]

Familie, verwanten en vrienden

45. Persoonlijke informatie. Formulieren

naam (de)	անուն	[anún]
achternaam (de)	ազգանուն	[azganún]
geboortedatum (de)	ծննդյան ամսաթիվ	[tsnndján amsatʰív]
geboorteplaats (de)	ծննդյավայր	[tsnndavájr]
nationaliteit (de)	ազգություն	[azgutʰjún]
woonplaats (de)	բնակության վայրը	[bnakutʰján vájrə]
land (het)	երկիր	[erkír]
beroep (het)	մասնագիտություն	[masnagitʰjún]
geslacht (ov. het vrouwelijk ~)	սեռ	[ser]
lengte (de)	հասակ	[hasák]
gewicht (het)	քաշ	[kʰaš]

46. Familieleden. Verwanten

moeder (de)	մայր	[majr]
vader (de)	հայր	[hajr]
zoon (de)	որդի	[vordí]
dochter (de)	դուստր	[dustr]
jongste dochter (de)	կրտսեր դուստր	[krtsér dústr]
jongste zoon (de)	կրտսեր որդի	[krtsér vordí]
oudste dochter (de)	ավագ դուստր	[avág dústr]
oudste zoon (de)	ավագ որդի	[avág vordí]
broer (de)	եղբայր	[eġbájr]
zuster (de)	քույր	[kʰujr]
mama (de)	մայրիկ	[majrík]
papa (de)	հայրիկ	[hajrík]
ouders (mv.)	ծնողներ	[tsnoġnér]
kind (het)	երեխա	[ereχá]
kinderen (mv.)	երեխաներ	[ereχanér]
oma (de)	տատիկ	[tatík]
opa (de)	պապիկ	[papík]
kleinzoon (de)	թոռ	[tʰor]
kleindochter (de)	թոռնուհի	[tʰornuhí]
kleinkinderen (mv.)	թոռներ	[tʰornér]
schoonmoeder (de)	զոքանչ	[zokʰánč]
schoonvader (de)	սկեսրայր	[skesrájr]

T&P Books. Thematische woordenschat Nederlands-Armeens - 5000 woorden

schoonzoon (de)	փեսա	[pʰesá]
stiefmoeder (de)	խորթ մայր	[xortʰ majr]
stiefvader (de)	խորթ հայր	[xortʰ hajr]
zuigeling (de)	ծծկեր երեխա	[tstskér ereχá]
wiegenkind (het)	մանուկ	[manúk]
kleuter (de)	պստիկ	[pstik]
vrouw (de)	կին	[kin]
man (de)	ամուսին	[amusín]
echtgenoot (de)	ամուսին	[amusín]
echtgenote (de)	կին	[kin]
gehuwd (mann.)	ամուսնացած	[amusnatsʰáts]
gehuwd (vrouw.)	ամուսնացած	[amusnatsʰáts]
ongehuwd (mann.)	ամուրի	[amurí]
vrijgezel (de)	ամուրի	[amurí]
gescheiden (bn)	ամուսնալուծված	[amusnalutsváts]
weduwe (de)	այրի կին	[ajrí kin]
weduwnaar (de)	այրի տղամարդ	[ajrí tgamárd]
familielid (het)	ազգական	[azgakán]
dichte familielid (het)	մերձավոր ազգական	[merdzavór azgakán]
verre familielid (het)	հեռավոր ազգական	[heravór azgakán]
familieleden (mv.)	հարազատներ	[harazatnér]
wees (de), weeskind (het)	որբ	[vorb]
voogd (de)	խնամակալ	[χnamakál]
adopteren (een jongen te ~)	որդեգրել	[vordegrél]
adopteren (een meisje te ~)	որդեգրել	[vordegrél]

Geneeskunde

47. Ziekten

ziekte (de)	հիվանդություն	[hivandutʰjún]
ziek zijn (ww)	հիվանդ լինել	[hivánd linél]
gezondheid (de)	առողջություն	[aroǵdʒutʰjún]

snotneus (de)	հարբուխ	[harbúχ]
angina (de)	անգինա	[angína]
verkoudheid (de)	մրսածություն	[mrsatsutʰjún]
verkouden raken (ww)	մրսել	[mrsel]

bronchitis (de)	բրոնխիտ	[bronχít]
longontsteking (de)	թոքերի բորբոքում	[tʰokʰerí borbokʰúm]
griep (de)	գրիպ	[grip]

bijziend (bn)	կարճատես	[karčatés]
verziend (bn)	հեռատես	[herahós]
scheelheid (de)	շլություն	[šlutʰjún]
scheel (bn)	շլաչք	[šlačkʰ]
grauwe staar (de)	կատարակտա	[katarákta]
glaucoom (het)	գլաուկոմա	[glaukóma]

beroerte (de)	ուղեղի կաթված	[uǵeǵí katʰváts]
hartinfarct (het)	ինֆարկտ	[infárkt]
myocardiaal infarct (het)	սրտամկանի կաթված	[srtamkaní katʰváts]
verlamming (de)	կաթված	[katʰváts]
verlammen (ww)	կաթվածել	[katʰvatsél]

allergie (de)	ալերգիա	[alergía]
astma (de/het)	աստմա	[astʰmá]
diabetes (de)	շաքարախտ	[šakʰaráχt]

tandpijn (de)	ատամնացավ	[atamnatsʰáv]
tandbederf (het)	կարիես	[karíes]

diarree (de)	լույծ	[lujts]
constipatie (de)	փորկապություն	[pʰorkaputʰjún]
maagstoornis (de)	ստամոքսի խանգարում	[stamokʰsí χangarúm]
voedselvergiftiging (de)	թունավորում	[tʰunavorúm]
voedselvergiftiging oplopen	թունավորվել	[tʰunavorvél]

artritis (de)	հոդի բորբոքում	[hodí borbokʰúm]
rachitis (de)	ռախիտ	[raχít]
reuma (het)	հոդացավ	[hodatsʰáv]
arteriosclerose (de)	աթերոսկլերոզ	[atʰeroskleróz]

gastritis (de)	գաստրիտ	[gastrít]
blindedarmontsteking (de)	ապենդիցիտ	[apenditsʰít]

| galblaasontsteking (de) | խոլեցիստիտ | [χolets^histít] |
| zweer (de) | խոց | [χots^h] |

mazelen (mv.)	կարմրուկ	[karmrúk]
rodehond (de)	կարմրախտ	[karmráχt]
geelzucht (de)	դեղնախտ	[deġnáχ]
leverontsteking (de)	հեպատիտ	[hepatít]

schizofrenie (de)	շիզոֆրենիա	[šizofrenía]
dolheid (de)	կատաղություն	[kataġut^hjún]
neurose (de)	նեվրոզ	[nevróz]
hersenschudding (de)	ուղեղի ցնցում	[uġeġí ts^hnts^húm]

kanker (de)	քաղցկեղ	[k^haġtskéġ]
sclerose (de)	կարծրախտ	[kartsráχt]
multiple sclerose (de)	ցրված կարծրախտ	[ts^hrváts kartsráχt]

alcoholisme (het)	հարբեցողություն	[harbets^hoġut^hjún]
alcoholicus (de)	հարբեցող	[harbets^hóġ]
syfilis (de)	սիֆիլիս	[sifilís]
AIDS (de)	ՁԻԱՀ	[dziáh]

tumor (de)	ուռուցք	[urúts^hk^h]
kwaadaardig (bn)	չարորակ	[čarorák]
goedaardig (bn)	բարորակ	[barorák]

koorts (de)	տենդ	[tend]
malaria (de)	մալարիա	[malaría]
gangreen (het)	փտախտ	[p^htaχt]
zeeziekte (de)	ծովայիև հիվանդություն	[tsovajín hivandut^hjún]
epilepsie (de)	ընկնավորություն	[ənknavorut^hjún]

epidemie (de)	համաճարակ	[hamačarák]
tyfus (de)	տիֆ	[tif]
tuberculose (de)	պալարախտ	[palaráχt]
cholera (de)	խոլերա	[χoléra]
pest (de)	ժանտախտ	[ʒantáχt]

48. Symptomen. Behandelingen. Deel 1

symptoom (het)	նախանշան	[naχanšán]
temperatuur (de)	ջերմաստիճան	[dʒermastičán]
verhoogde temperatuur (de)	բարձր ջերմաստիճան	[bárdzr dʒermastičán]
polsslag (de)	զարկերակ	[zarkerák]

duizeling (de)	գլխապտույտ	[glχaptújt]
heet (erg warm)	տաք	[tak^h]
koude rillingen (mv.)	դողէրոցք	[doġēróts^hk^h]
bleek (bn)	գունատ	[gunát]

hoest (de)	հազ	[haz]
hoesten (ww)	հազալ	[hazál]
niezen (ww)	փռշտալ	[p^hŕštal]
flauwte (de)	ուշաղնացություն	[ušagnats^hut^hjún]

flauwvallen (ww)	ուշագնալ լինել	[ušagnátsʰ linél]
blauwe plek (de)	կապտուկ	[kaptúk]
buil (de)	ուռուցք	[urútsʰkʰ]
zich stoten (ww)	խփվել	[χpʰvel]
kneuzing (de)	վնասվածք	[vnasvátskʰ]
kneuzen (gekneusd zijn)	վնասվածք ստանալ	[vnasvátskʰ stanál]

hinken (ww)	կաղալ	[kaġál]
verstuiking (de)	հոդախախտում	[hodaχaχtúm]
verstuiken (enkel, enz.)	հոդախախտել	[hodaχaχtél]
breuk (de)	կոտրվածք	[kotrvátskʰ]
een breuk oplopen	կոտրվածք ստանալ	[kotrvátskʰ stanál]

snijwond (de)	կտրված վերք	[ktrvats verkʰ]
zich snijden (ww)	կտրել	[ktrel]
bloeding (de)	արյունահոսություն	[arjunahosutʰjún]

| brandwond (de) | այրվածք | [ajrvátskʰ] |
| zich branden (ww) | այրվել | [ajrvél] |

prikken (ww)	ծակել	[tsakél]
zich prikken (ww)	ծակել	[tsakél]
blesseren (ww)	վնասել	[vnasél]
blessure (letsel)	վնասվածք	[vnasvátskʰ]
wond (de)	վերք	[verkʰ]
trauma (het)	վնասվածք	[vnasvátskʰ]

ijlen (ww)	զառանցել	[zarantsʰél]
stotteren (ww)	կակազել	[kakazél]
zonnesteek (de)	արևահարություն	[arevaharutʰjún]

49. Symptomen. Behandelingen. Deel 2

| pijn (de) | ցավ | [tsʰav] |
| splinter (de) | փուշ | [pʰuš] |

zweet (het)	քրտինք	[krtinkʰ]
zweten (ww)	քրտնել	[kʰrtnel]
braking (de)	փսխում	[pʰsχum]
stuiptrekkingen (mv.)	ջղաձգություն	[dʒġadzgutʰjún]

zwanger (bn)	հղի	[hġi]
geboren worden (ww)	ծնվել	[tsnvel]
geboorte (de)	ծնընդաբերություն	[tsnndaberutʰjún]
baren (ww)	ծնընդաբերել	[tsnndaberél]
abortus (de)	աբորտ	[abórt]

ademhaling (de)	շնչառություն	[šnčarutʰjún]
inademing (de)	ներշնչում	[neršnčúm]
uitademing (de)	արտաշնչում	[artašnčúm]
uitademen (ww)	արտաշնչել	[artašnčél]
inademen (ww)	շնչել	[šnčel]
invalide (de)	հաշմանդամ	[hašmandám]
gehandicapte (de)	խեղանդամ	[χeġandám]

Dutch	Armenian	Transliteration
drugsverslaafde (de)	թմրամոլ	[tʰmramól]
doof (bn)	խուլ	[χul]
stom (bn)	համր	[hamr]
doofstom (bn)	խուլ ու համր	[χúl u hámr]
krankzinnig (bn)	խենթ	[χentʰ]
krankzinnig worden	խենթանալ	[χentʰanál]
gen (het)	գեն	[gen]
immuniteit (de)	իմունիտետ	[imunitét]
erfelijk (bn)	ժառանգական	[ʒarangakán]
aangeboren (bn)	բնածին	[bnatsín]
virus (het)	վարակ	[varák]
microbe (de)	մանրէ	[manré]
bacterie (de)	բակտերիա	[baktéria]
infectie (de)	վարակ	[varák]

50. Symptomen. Behandelingen. Deel 3

Dutch	Armenian	Transliteration
ziekenhuis (het)	հիվանդանոց	[hivandanótsʰ]
patiënt (de)	հիվանդ	[hivánd]
diagnose (de)	ախտորոշում	[aɡtorošúm]
genezing (de)	կազդուրում	[kazdurúm]
medische behandeling (de)	բուժում	[buʒúm]
onder behandeling zijn	բուժվել	[buʒvél]
behandelen (ww)	բուժել	[buʒél]
zorgen (zieken ~)	խնամել	[χnamél]
ziekenzorg (de)	խնամք	[χnamkʰ]
operatie (de)	վիրահատություն	[virahatutʰjún]
verbinden (een arm ~)	վիրակապել	[virakapél]
verband (het)	վիրակապում	[virakapúm]
vaccin (het)	պատվաստում	[patvastúm]
inenten (vaccineren)	պատվաստում անել	[patvastúm anél]
injectie (de)	ներարկում	[nerarkúm]
een injectie geven	ներարկել	[nerarkél]
aanval (de)	նոպա	[nópa]
amputatie (de)	անդամահատություն	[andamahatutʰjún]
amputeren (ww)	անդամահատել	[andamahatél]
coma (het)	կոմա	[kóma]
in coma liggen	կոմայի մեջ գտնվել	[komají méʤ ənknél]
intensieve zorg, ICU (de)	վերակենդանացում	[verakendanatsʰúm]
zich herstellen (ww)	ապաքինվել	[apakʰinvél]
toestand (de)	վիճակ	[vičák]
bewustzijn (het)	գիտակցություն	[gitaktsʰutʰjún]
geheugen (het)	հիշողություն	[hišoɡutʰjún]
trekken (een kies ~)	հեռացնել	[heratsʰnél]
vulling (de)	պլոմբ	[plomb]

vullen (ww)	լցնել	[atámə lts^hnél]
hypnose (de)	հիպնոս	[hipnós]
hypnotiseren (ww)	հիպնոսացնել	[hipnosats^hnél]

51. Artsen

dokter, arts (de)	բժիշկ	[bʒišk]
ziekenzuster (de)	բուժքույր	[buʒkʰújr]
lijfarts (de)	անձնական բժիշկ	[andznakán bʒíšk]
tandarts (de)	ատամնաբույժ	[atamnabújʒ]
oogarts (de)	ակնաբույժ	[aknabújʒ]
therapeut (de)	թերապևտ	[tʰerapévt]
chirurg (de)	վիրաբույժ	[virabújʒ]
psychiater (de)	հոգեբույժ	[hogebújʒ]
pediater (de)	մանկաբույժ	[mankabújʒ]
psycholoog (de)	հոգեբան	[hokʰebán]
gynaecoloog (de)	գինեկոլոգ	[ginekólog]
cardioloog (de)	սրտաբան	[srtabán]

52. Geneeskunde. Medicijnen. Accessoires

geneesmiddel (het)	դեղ	[deġ]
middel (het)	դեղամիջոց	[deġamidʒótsʰ]
voorschrijven (ww)	դուրս գրել	[durs grél]
recept (het)	դեղատոմս	[deġatóms]

tablet (de/het)	հաբ	[hab]
zalf (de)	քսուք	[ksukʰ]
ampul (de)	ամպուլ	[ampúl]
drank (de)	հեղուկ դեղախառնուրդ	[heġúk deχaġarnúrd]
siroop (de)	օշարակ	[ošarák]
pil (de)	հաբ	[hab]
poeder (de/het)	փոշի	[pʰošíֿ]

verband (het)	վիրակապ ժապավեն	[virakáp ʒapavén]
watten (mv.)	բամբակ	[bambák]
jodium (het)	յոդ	[jod]
pleister (de)	սպեղանի	[speġaní]
pipet (de)	պիպետկա	[pipétka]
thermometer (de)	ջերմաչափ	[dʒermačápʰ]
spuit (de)	ներարկիչ	[nerarkíč]

| rolstoel (de) | սայլակ | [sajlák] |
| krukken (mv.) | հենակներ | [henaknér] |

pijnstiller (de)	ցավազրկող	[tsʰavazrkóġ]
laxeermiddel (het)	լուծողական	[lutsoġakán]
spiritus (de)	սպիրտ	[spirt]
medicinale kruiden (mv.)	խոտաբույս	[χotabújs]
kruiden- (abn)	խոտաբուսային	[χotabusajín]

HET MENSELIJKE LEEFGEBIED

Stad

53. Stad. Het leven in de stad

stad (de)	քաղաք	[kaġákʰ]
hoofdstad (de)	մայրաքաղաք	[majrakaġákʰ]
dorp (het)	գյուղ	[gjuġ]
plattegrond (de)	քաղաքի հատակագիծ	[kʰaġakʰí hatakagíts]
centrum (ov. een stad)	քաղաքի կենտրոն	[kʰaġakʰí kentrón]
voorstad (de)	արվարձան	[arvardzán]
voorstads- (abn)	մերձքաղաքային	[merdzkʰaġakʰajín]
randgemeente (de)	ծայրամաս	[tsajramás]
omgeving (de)	շրջակայք	[šrdʒakájkʰ]
blok (huizenblok)	թաղամաս	[tʰaġamás]
woonwijk (de)	բնակելի թաղամաս	[bnakelí tʰaġamás]
verkeer (het)	երթևեկություն	[ertʰevekutʰjún]
verkeerslicht (het)	լուսակիր	[lusakír]
openbaar vervoer (het)	քաղաքային տրանսպորտ	[kʰaġakʰajín transpórt]
kruispunt (het)	խաչմերուկ	[χačmerúk]
zebrapad (oversteekplaats)	անցում	[antsʰúm]
onderdoorgang (de)	գետնանցում	[getnantsʰúm]
oversteken (de straat ~)	անցնել	[antsʰnél]
voetganger (de)	հետիոտն	[hetiótn]
trottoir (het)	մայթ	[majtʰ]
brug (de)	կամուրջ	[kamúrdʒ]
dijk (de)	առափնյա փողոց	[arapʰnjá pʰoġótsʰ]
fontein (de)	շատրվան	[šatrván]
allee (de)	ծառուղի	[tsaruġí]
park (het)	զբոսայգի	[zbosajgí]
boulevard (de)	բուլվար	[bulvár]
plein (het)	հրապարակ	[hraparák]
laan (de)	պողոտա	[poġóta]
straat (de)	փողոց	[pʰoġótsʰ]
zijstraat (de)	նրբանցք	[nrbantsʰkʰ]
doodlopende straat (de)	փակուղի	[pʰakuġí]
huis (het)	տուն	[tun]
gebouw (het)	շենք	[šenkʰ]
wolkenkrabber (de)	երկնաքեր	[erknakʰér]
gevel (de)	ճակատամաս	[čakatamás]
dak (het)	տանիք	[tanίkʰ]

T&P Books. Thematische woordenschat Nederlands-Armeens - 5000 woorden

venster (het)	պատուհան	[patuhán]
boog (de)	կամար	[kamár]
pilaar (de)	սյուն	[sjun]
hoek (ov. een gebouw)	անկյուն	[ankjún]

vitrine (de)	ցուցափեղկ	[tsʰutsʰapʰéǵk]
gevelreclame (de)	ցուցանակ	[tsʰutsʰanák]
affiche (de/het)	ազդագիր	[azdagír]
reclameposter (de)	գովազդային ձգապաստառ	[govazdajín dzgapastár]
aanplakbord (het)	գովազդային վահանակ	[govazdajín vahanák]

vuilnis (de/het)	աղբ	[aǵb]
vuilnisbak (de)	աղբաման	[aǵbamán]
afval weggooien (ww)	աղբոտել	[aǵbotél]
stortplaats (de)	աղբավայր	[aǵbavájr]

telefooncel (de)	հեռախոսախցիկ	[heraχosaχtsʰík]
straatlicht (het)	լապտերասյուն	[lapterasjún]
bank (de)	նստարան	[nstarán]

politieagent (de)	ոստիկան	[vostikán]
politie (de)	ոստիկանություն	[vostikanutʰjún]
zwerver (de)	մուրացկան	[muratsʰkán]
dakloze (de)	անօթևան մարդ	[anotʰeván márd]

54. Stedelijke instellingen

winkel (de)	խանութ	[χanútʰ]
apotheek (de)	դեղատուն	[deǵatún]
optiek (de)	օպտիկա	[óptika]
winkelcentrum (het)	առևտրի կենտրոն	[arevtrí kentrón]
supermarkt (de)	սուպերմարքեթ	[supermarkʰétʰ]

bakkerij (de)	հացաբուլկեղենի խանութ	[hatsʰabulkeǵení χanútʰ]
bakker (de)	հացթուխ	[hatsʰtʰúχ]
banketbakkerij (de)	հրուշակեղենի խանութ	[hrušakeǵení χanútʰ]
kruidenier (de)	նպարեղենի խանութ	[npareǵení χanútʰ]
slagerij (de)	մսի խանութ	[msi χanútʰ]

| groentewinkel (de) | բանջարեղենի կրպակ | [bandʒareǵení krpák] |
| markt (de) | շուկա | [šuká] |

koffiehuis (het)	սրճարան	[srčarán]
restaurant (het)	ռեստորան	[restorán]
bar (de)	գարեջրատուն	[garedʒratún]
pizzeria (de)	պիցցերիա	[pitsʰería]

kapperssalon (de/het)	վարսավիրանոց	[varsaviranótsʰ]
postkantoor (het)	փոստ	[pʰost]
stomerij (de)	քիմմաքրման կետ	[kʰimmakʰrmán két]
fotostudio (de)	ֆոտոսրահ	[fotosráh]

| schoenwinkel (de) | կոշիկի սրահ | [košikí sráh] |
| boekhandel (de) | գրախանութ | [graχanútʰ] |

T&P Books. Thematische woordenschat Nederlands-Armeens - 5000 woorden

sportwinkel (de)	սպորտային խանութ	[sportajín xanútʰ]
kledingreparatie (de)	հագուստի վերանորոգում	[hagustí veranorogúm]
kledingverhuur (de)	հագուստի վարձույթ	[hagustí vardzújtʰ]
videotheek (de)	տեսաֆիլմերի վարձույթ	[tesafilmerí vardzújtʰ]

circus (de/het)	կրկես	[krkes]
dierentuin (de)	կենդանաբանական այգի	[kendanabanakán ajgí]
bioscoop (de)	կինոթատրոն	[kinotʰatrón]
museum (het)	թանգարան	[tʰangarán]
bibliotheek (de)	գրադարան	[gradarán]

theater (het)	թատրոն	[tʰatrón]
opera (de)	օպերա	[operá]
nachtclub (de)	գիշերային ակումբ	[gišerajín akúmb]
casino (het)	խաղատուն	[xaġatún]

moskee (de)	մզկիթ	[mzkitʰ]
synagoge (de)	սինագոգ	[sinagóg]
kathedraal (de)	տաճար	[tačár]
tempel (de)	տաճար	[tačár]
kerk (de)	եկեղեցի	[ekeġetsʰí]

instituut (het)	ինստիտուտ	[institút]
universiteit (de)	համալսարան	[hamalsarán]
school (de)	դպրոց	[dprotsʰ]

gemeentehuis (het)	ոստիկանապետություն	[vostikanapetutʰjún]
stadhuis (het)	քաղաքապետարան	[kʰaġakapetarán]
hotel (het)	հյուրանոց	[hjuranótsʰ]
bank (de)	բանկ	[bank]

ambassade (de)	դեսպանատուն	[despanatún]
reisbureau (het)	տուրիստական գործակալություն	[turistakán gortsakalutʰjún]
informatieloket (het)	տեղեկատվական բյուրո	[teġekatvakán bjuró]
wisselkantoor (het)	փոխանակման կետ	[pʰoxanakmán két]

| metro (de) | մետրո | [metró] |
| ziekenhuis (het) | հիվանդանոց | [hivandanótsʰ] |

| benzinestation (het) | բենզալցակայան | [benzaltsʰakaján] |
| parking (de) | ավտոկայան | [avtokaján] |

55. Borden

gevelreclame (de)	ցուցանակ	[tsʰutsʰanák]
opschrift (het)	ցուցագիր	[tsʰutsʰagír]
poster (de)	ծգապաստառ	[dzgapastár]
wegwijzer (de)	ուղեցույց	[uġetsʰújtsʰ]
pijl (de)	սլաք	[slakʰ]

waarschuwing (verwittiging)	նախազգուշացում	[naxazgušatsʰúm]
waarschuwingsbord (het)	զգուշացում	[zgušatsʰúm]
waarschuwen (ww)	զգուշացնել	[zgušatsʰnél]

53

Nederlands	Armeens	Transcriptie
vrije dag (de)	հանգստյան օր	[hangstján ór]
dienstregeling (de)	ժամանակացույց	[ʒamanakatsʰújtsʰ]
openingsuren (mv.)	աշխատանքային ժամեր	[ašχatankʰajín ʒamér]
WELKOM!	ԲԱՐԻ ԳԱԼՈՒՍՏ	[barí galúst!]
INGANG	ՄՈՒՏՔ	[mutkʰ]
UITGANG	ԵԼՔ	[elkʰ]
DUWEN	ԴԵՊԻ ԴՈՒՐՍ	[depí durs]
TREKKEN	ԴԵՊԻ ՆԵՐՍ	[dépi ners]
OPEN	ԲԱՑ Է	[batsʰ ē]
GESLOTEN	ՓԱԿ Է	[pʰak ē]
DAMES	ԿԱՆԱՆՑ ՀԱՄԱՐ	[kanántsʰ hamár]
HEREN	ՏՂԱՄԱՐԴԿԱՆՑ ՀԱՄԱՐ	[tġamardkántsʰ hamár]
KORTING	ԶԵՂՉԵՐ	[zeġčér]
UITVERKOOP	Ի ՍՊԱՌ ՎԱՃԱՌՔ	[i spar vačárkʰ]
NIEUW!	ՆՈՐՈՒՅԹ	[norújtʰ!]
GRATIS	ԱՆՎՃԱՐ	[anvčár]
PAS OP!	ՈՒՇԱԴՐՈՒԹՅՈՒՆ	[ušadrutʰjún!]
VOLGEBOEKT	ՏԵՂԵՐ ՉԿԱՆ	[teġér čkan]
GERESERVEERD	ՊԱՏՎԻՐՎԱԾ Է	[patvirváts ē]
ADMINISTRATIE	ԱԴՄԻՆԻՍՏՐԱՑԻԱ	[administrátsʰia]
ALLEEN VOOR PERSONEEL	ՄԻԱՅՆ ԱՇԽԱՏԱԿԻՑՆԵՐԻ ՀԱՄԱՐ	[miájn ašχatakitsʰnerí hamár]
GEVAARLIJKE HOND	ԿԱՏԱՂԻ ՇՈՒՆ	[kataġí šun]
VERBODEN TE ROKEN!	ՉԾԽԵԼ	[čtsχél!]
NIET AANRAKEN!	ՁԵՌՔ ՉՏԱԼ	[dzerkʰ čtal]
GEVAARLIJK	ՎՏԱՆԳԱՎՈՐ Է	[vtangavór ē]
GEVAAR	ՎՏԱՆԳԱՎՈՐ Է	[vtangavór ē]
HOOGSPANNING	ԲԱՐՁՐ ԼԱՐՈՒՄ	[bárdzr larúm]
VERBODEN TE ZWEMMEN	ԼՈՂԱԼՆ ԱՐԳԵԼՎՈՒՄ Է	[loġáln argelvúm ē]
BUITEN GEBRUIK	ՉԻ ԱՇԽԱՏՈՒՄ	[či ašχatúm]
ONTVLAMBAAR	ՀՐԱՎՏԱՆԳԱՎՈՐ Է	[hravtangavór ē]
VERBODEN	ԱՐԳԵԼՎԱԾ Է	[argelváts ē]
DOORGANG VERBODEN	ԱՆՑՆԵԼՆ ԱՐԳԵԼՎԱԾ Է	[antsʰnéln argelváts ē]
OPGELET PAS GEVERFD	ՆԵՐԿՎԱԾ Է	[nerkváts ē]

56. Stedelijk vervoer

Nederlands	Armeens	Transcriptie
bus, autobus (de)	ավտոբուս	[avtobús]
tram (de)	տրամվայ	[tramváj]
trolleybus (de)	տրոլեյբուս	[trolejbús]
route (de)	ուղի	[uġí]
nummer (busnummer, enz.)	համար	[hamár]
rijden met ...	... ով գնալ	[... ov gnal]
stappen (in de bus ~)	նստել	[nstel]

afstappen (ww)	իջնել	[idʒnél]
halte (de)	կանգառ	[kangár]
volgende halte (de)	հաջորդ կանգառ	[hadʒórd kangár]
eindpunt (het)	վերջին կանգառ	[verdʒín kangár]
dienstregeling (de)	ժամանակացույց	[ʒamanakatsʰújtsʰ]
wachten (ww)	սպասել	[spasél]
kaartje (het)	տոմս	[toms]
reiskosten (de)	տոմսի արժեքը	[tomsí arʒékʰə]
kassier (de)	տոմսավաճառ	[tomsavačár]
kaartcontrole (de)	ստուգում	[stugúm]
controleur (de)	հսկիչ	[hskič]
te laat zijn (ww)	ուշանալ	[ušanál]
missen (de bus ~)	ուշանալ ... ից	[ušanál ... ítsʰ]
zich haasten (ww)	շտապել	[štapél]
taxi (de)	տաքսի	[taksí]
taxichauffeur (de)	տաքսու վարորդ	[taksú varórd]
met de taxi (bw)	տաքսիով	[taksióv]
taxistandplaats (de)	տաքսիների կայան	[taksinerí kaján]
een taxi bestellen	տաքսի կանչել	[taksí kančél]
een taxi nemen	տաքսի վերցնել	[taksí vertsʰnél]
verkeer (het)	ճանապարհային երթևեկություն	[čanaparhajín ertʰevekutʰjún]
file (de)	խցանում	[xtsʰanúm]
spitsuur (het)	պիկ ժամ	[pík ʒám]
parkeren (on.ww.)	կանգնեցնել	[kangnetsʰnél]
parkeren (ov.ww.)	կանգնեցնել	[kangnetsʰnél]
parking (de)	ավտոկայան	[avtokaján]
metro (de)	մետրո	[metró]
halte (bijv. kleine treinhalte)	կայարան	[kajarán]
de metro nemen	մետրոյով գնալ	[metrojóv gnal]
trein (de)	գնացք	[gnatsʰkʰ]
station (treinstation)	կայարան	[kajarán]

57. Bezienswaardigheden

monument (het)	արձան	[ardzán]
vesting (de)	ամրոց	[amrótsʰ]
paleis (het)	պալատ	[palát]
kasteel (het)	դղյակ	[dġjak]
toren (de)	աշտարակ	[aštarák]
mausoleum (het)	դամբարան	[dambarán]
architectuur (de)	ճարտարապետություն	[čartarapetutʰjún]
middeleeuws (bn)	միջնադարյան	[midʒnadarján]
oud (bn)	հինավուրց	[hinavúrtsʰ]
nationaal (bn)	ազգային	[azgajín]
bekend (bn)	հայտնի	[hajtní]
toerist (de)	զբոսաշրջիկ	[zbosašrdʒík]

gids (de)	գիդ	[gid]
rondleiding (de)	էքսկուրսիա	[ēkʰskúrsia]
tonen (ww)	ցույց տալ	[tsʰújtsʰ tal]
vertellen (ww)	պատմել	[patmél]

vinden (ww)	գտնել	[gtnel]
verdwalen (de weg kwijt zijn)	կորել	[korél]
plattegrond (~ van de metro)	սխեմա	[sχéma]
plattegrond (~ van de stad)	քարտեզ	[kʰartéz]

souvenir (het)	հուշանվեր	[hušanvér]
souvenirwinkel (de)	հուշանվերների խանութ	[hušanvernerí χanútʰ]
foto's maken	լուսանկարել	[lusankarél]
zich laten fotograferen	լուսանկարվել	[lusankarvél]

58. Winkelen

kopen (ww)	գնել	[gnel]
aankoop (de)	գնում	[gnum]
winkelen (ww)	գնումներ կատարել	[gnumnér katarél]
winkelen (het)	գնումներ	[gnumnér]

| open zijn (ov. een winkel, enz.) | աշխատել | [ašχatél] |
| gesloten zijn (ww) | փակվել | [pʰakvél] |

schoeisel (het)	կոշիկ	[košík]
kleren (mv.)	հագուստ	[hagúst]
cosmetica (mv.)	կոսմետիկա	[kosmétika]
voedingswaren (mv.)	մթերքներ	[mtʰerkʰnér]
geschenk (het)	նվեր	[nver]

| verkoper (de) | վաճառող | [vačaróġ] |
| verkoopster (de) | վաճառողուհի | [vačaroġuhí] |

kassa (de)	դրամարկղ	[dramárkġ]
spiegel (de)	հայելի	[hajelí]
toonbank (de)	վաճառասեղան	[vačaraseġán]
paskamer (de)	հանդերձարան	[handerdzarán]

aanpassen (ww)	փորձել	[pʰordzél]
passen (ov. kleren)	սազել	[sazél]
bevallen (prettig vinden)	դուր գալ	[dur gal]

prijs (de)	գին	[gin]
prijskaartje (het)	գնապիտակ	[gnapiták]
kosten (ww)	արժենալ	[arʒenál]
Hoeveel?	Որքա՞ն արժե	[vorkʰán arʒé?]
korting (de)	զեղչ	[zeġč]

niet duur (bn)	ոչ թանկ	[voč tʰank]
goedkoop (bn)	էժան	[ēʒán]
duur (bn)	թանկ	[tʰank]
Dat is duur.	Սա թանկ է	[sa tʰánk ē]

verhuur (de)	վարձույթ	[vardzújtʰ]
huren (smoking, enz.)	վարձել	[vardzél]
krediet (het)	վարկ	[vark]
op krediet (bw)	վարկով	[varkóv]

59. Geld

geld (het)	դրամ	[dram]
ruil (de)	փոխանակում	[pʰoχanakúm]
koers (de)	փոխարժեք	[pʰoχarʒékʰ]
geldautomaat (de)	բանկոմատ	[bankomát]
muntstuk (de)	մետաղադրամ	[metaġadrám]

dollar (de)	դոլլար	[dollár]
euro (de)	եվրո	[évro]

lire (de)	լիրա	[líra]
Duitse mark (de)	մարկ	[mark]
frank (de)	ֆրանկ	[frank]
pond sterling (het)	ֆունտ ստերլինգ	[fúnt stérling]
yen (de)	յեն	[jen]

schuld (geldbedrag)	պարտք	[partkʰ]
schuldenaar (de)	պարտապան	[partapán]
uitlenen (ww)	պարտքով տալ	[partkʰóv tal]
lenen (geld ~)	պարտքով վերցնել	[partkʰóv vertsʰnél]

bank (de)	բանկ	[bank]
bankrekening (de)	հաշիվ	[hašív]
op rekening storten	հաշվի վրա գցել	[hašví vra gtsʰel]
opnemen (ww)	հաշվից հանել	[hašvítsʰ hanól]

kredietkaart (de)	վարկային քարտ	[varkʰajín kʰárt]
baar geld (het)	կանխիկ դրամ	[kanχík dram]
cheque (de)	չեք	[čekʰ]
een cheque uitschrijven	չեք դուրս գրել	[čekʰ durs grel]
chequeboekje (het)	չեքային գրքույկ	[čekʰajín grkʰújk]

portefeuille (de)	թղթապանակ	[tʰġtʰapanák]
geldbeugel (de)	դրամապանակ	[dramapanák]
safe (de)	չհրկիզվող պահարան	[čhrkizvóġ paharán]

erfgenaam (de)	ժառանգ	[ʒaráng]
erfenis (de)	ժառանգություն	[ʒarangutʰjún]
fortuin (het)	ունեցվածք	[unetsʰvátskʰ]

huur (de)	վարձ	[vardz]
huurprijs (de)	բնակվարձ	[bnakvárdz]
huren (huis, kamer)	վարձել	[vardzél]

prijs (de)	գին	[gin]
kostprijs (de)	արժեք	[arʒékʰ]
som (de)	գումար	[gumár]
uitgeven (geld besteden)	ծախսել	[tsaχsél]

kosten (mv.)	ծախսեր	[tsaχsér]
bezuinigen (ww)	տնտեսել	[tntesél]
zuinig (bn)	տնտեսող	[tntesóġ]

betalen (ww)	վճարել	[včarél]
betaling (de)	վճար	[včár]
wisselgeld (het)	մանր	[manr]

belasting (de)	հարկ	[hark]
boete (de)	տուգանք	[tugánkʰ]
beboeten (bekeuren)	տուգանել	[tuganél]

60. Post. Postkantoor

postkantoor (het)	փոստ	[pʰost]
post (de)	փոստ	[pʰost]
postbode (de)	փոստատար	[pʰostatár]
openingsuren (mv.)	աշխատանքային ժամեր	[ašχatankʰajín ʒamér]

brief (de)	նամակ	[namák]
aangetekende brief (de)	պատվիրված նամակ	[patvirváts namák]
briefkaart (de)	բացիկ	[batsʰík]
telegram (het)	հեռագիր	[heragír]
postpakket (het)	ծանրոց	[tsanróts]
overschrijving (de)	դրամային փոխանցում	[dramajín pʰoχantsʰúm]

ontvangen (ww)	ստանալ	[stanál]
sturen (zenden)	ուղարկել	[uġarkél]
verzending (de)	ուղարկում	[uġarkúm]

adres (het)	հասցե	[hastsʰé]
postcode (de)	ինդեքս	[indéks]
verzender (de)	ուղարկող	[uġarkóġ]
ontvanger (de)	ստացող	[statsʰóġ]

| naam (de) | անուն | [anún] |
| achternaam (de) | ազգանուն | [azganún] |

tarief (het)	սակագին	[sakagín]
standaard (bn)	սովորական	[sovorakán]
zuinig (bn)	տնտեսող	[tntesóġ]

gewicht (het)	քաշ	[kʰaš]
afwegen (op de weegschaal)	կշռել	[kšrel]
envelop (de)	ծրար	[tsrar]
postzegel (de)	նամականիշ	[namakaníš]

Woning. Huis. Thuis

61. Huis. Elektriciteit

elektriciteit (de)	էլեկտրականություն	[ēlektrakanutʰjún]
lamp (de)	լամպ	[lamp]
schakelaar (de)	անջատիչ	[andʒatíč]
zekering (de)	էլեկտրապաշտպան	[ēlektraxtsʰán]
draad (de)	լար	[lar]
bedrading (de)	էլեկտրացանց	[ēlektratsʰántsʰ]
elektriciteitsmeter (de)	հաշվիչ	[hašvíč]
gegevens (mv.)	ցուցմունք	[tsʰutsʰmúnkʰ]

62. Villa. Herenhuis

landhuisje (het)	քաղաքից դուրս տուն	[kʰaġakítsʰ durs tun]
villa (de)	վիլլա	[vílla]
vleugel (de)	թև	[tʰev]
tuin (de)	այգի	[ajgí]
park (het)	զբոսայգի	[zbosajgí]
oranjerie (de)	ջերմոց	[dʒermótsʰ]
onderhouden (tuin, enz.)	խնամել	[χnamél]
zwembad (het)	լողավազան	[loġavazán]
gym (het)	սպորտային դահլիճ	[sportajín dahlíč]
tennisveld (het)	թենիսի հարթակ	[tʰenisí harták]
bioscoopkamer (de)	կինոթատրոն	[kinotʰatrón]
garage (de)	ավտոտնակ	[avtotnák]
privé-eigendom (het)	մասնավոր սեփականություն	[masnavór sepʰakanutʰjún]
eigen terrein (het)	մասնավոր կալված	[masnavór kalváts]
waarschuwing (de)	զգուշացում	[zgušatsʰúm]
waarschuwingsbord (het)	զգուշացնող գրություն	[zgušatsʰnóġ grutʰjún]
bewaking (de)	պահակություն	[pahakutʰjún]
bewaker (de)	պահակ	[pahák]
inbraakalarm (het)	ազդանշանային համակարգ	[azdanšanajín hamakárg]

63. Appartement

appartement (het)	բնակարան	[bnakarán]
kamer (de)	սենյակ	[senják]

slaapkamer (de)	ննջարան	[nndʒarán]
eetkamer (de)	ճաշասենյակ	[čašasenják]
salon (de)	հյուրասենյակ	[hjurasenják]
studeerkamer (de)	աշխատասենյակ	[ašχatasenják]
gang (de)	նախասենյակ	[naχasenják]
badkamer (de)	լոգարան	[logarán]
toilet (het)	զուգարան	[zugarán]
plafond (het)	առաստաղ	[arastáġ]
vloer (de)	հատակ	[haták]
hoek (de)	անկյուն	[ankjún]

64. Meubels. Interieur

meubels (mv.)	կահույք	[kahújkʰ]
tafel (de)	սեղան	[seġán]
stoel (de)	աթոռ	[atʰór]
bed (het)	մահճակալ	[mahčakál]
bankstel (het)	բազմոց	[bazmótsʰ]
fauteuil (de)	բազկաթոռ	[bazkatʰór]
boekenkast (de)	գրապահարան	[grapaharán]
boekenrek (het)	դարակ	[darák]
kledingkast (de)	պահարան	[paharán]
kapstok (de)	կախարան	[kaχarán]
staande kapstok (de)	կախիչ	[kaχótsʰ]
commode (de)	կոմոդ	[komód]
salontafeltje (het)	սեղանիկ	[seġaník]
spiegel (de)	հայելի	[hajelí]
tapijt (het)	գորգ	[gorg]
tapijtje (het)	փոքր գորգ	[pʰokʰr gorg]
haard (de)	բուխարի	[buχarí]
kaars (de)	մոմ	[mom]
kandelaar (de)	մոմակալ	[momakál]
gordijnen (mv.)	վարագույր	[varagújr]
behang (het)	պաստառ	[pastár]
jaloezie (de)	շերտավարագույր	[šertavaragújr]
bureaulamp (de)	սեղանի լամպ	[seġaní lámp]
wandlamp (de)	ջահ	[dʒah]
staande lamp (de)	ծողաջահ	[dzoġadʒáh]
luchter (de)	ջահ	[dʒah]
poot (ov. een tafel, enz.)	տոտիկ	[totík]
armleuning (de)	արմնկակալ	[armnkakál]
rugleuning (de)	թիկնակ	[tʰiknák]
la (de)	դարակ	[darák]

65. Beddengoed

beddengoed (het)	սպիտակեղեն	[spitakeġén]
kussen (het)	բարձ	[bardz]
kussenovertrek (de)	բարձի երես	[bardzí erés]
deken (de)	վերմակ	[vermák]
laken (het)	սավան	[savánʰ]
sprei (de)	ծածկոց	[tsatskótsʰ]

66. Keuken

keuken (de)	խոհանոց	[χohanótsʰ]
gas (het)	գազ	[gaz]
gasfornuis (het)	գազօջախ	[gazodʒáχ]
elektrisch fornuis (het)	էլեկտրական սալօջախ	[ēlektrakán salodʒáχ]
oven (de)	ջեռոց	[dʒerótsʰ]
magnetronoven (de)	միկրոալիքային վառարան	[mikroalikʰajín vararán]
koelkast (de)	սառնարան	[sarnarán]
diepvriezer (de)	սառնախցիկ	[sarnaχtsʰík]
vaatwasmachine (de)	աման լվացող մեքենա	[amán lvatsʰóġ mekʰená]
vleesmolen (de)	մսաղաց	[msaġátsʰ]
vruchtenpers (de)	հյութքամիչ	[hjutʰakʰamíč]
toaster (de)	տոստեր	[tostér]
mixer (de)	հարիչ	[haríč]
koffiemachine (de)	սրճեփ	[srčepʰ]
koffiepot (de)	սրճաման	[srčamán]
koffiemolen (de)	սրճաղաց	[srčaġátsʰ]
fluitketel (de)	թեյնիկ	[tʰejník]
theepot (de)	թեյաման	[tʰejamán]
deksel (de/het)	կափարիչ	[kapʰaríč]
theezeefje (het)	թեյքամիչ	[tʰejkʰamíč]
lepel (de)	գդալ	[gdal]
theelepeltje (het)	թեյի գդալ	[tʰeji gdal]
eetlepel (de)	ճաշի գդալ	[čaši gdal]
vork (de)	պատառաքաղ	[patarakʰáġ]
mes (het)	դանակ	[danák]
vaatwerk (het)	սպասք	[spaskʰ]
bord (het)	ափսե	[apʰsé]
schoteltje (het)	պնակ	[pnak]
likeurglas (het)	րմպանակ	[əmpanák]
glas (het)	բաժակ	[baʒák]
kopje (het)	բաժակ	[baʒák]
suikerpot (de)	շաքարաման	[šakʰaramán]
zoutvat (het)	աղաման	[aġamán]
pepervat (het)	պղպեղաման	[pġpeġamán]

boterschaaltje (het)	կարագի աման	[karagí amán]
pan (de)	կաթսա	[katʰsá]
bakpan (de)	թավա	[tʰavá]
pollepel (de)	շերեփ	[šerépʰ]
vergiet (de/het)	քամիչ	[kʰamíč]
dienblad (het)	սկուտեղ	[skutég]

fles (de)	շիշ	[šiš]
glazen pot (de)	բանկա	[banká]
blik (conserven~)	տարա	[tará]

flesopener (de)	բացիչ	[batsʰíč]
blikopener (de)	բացիչ	[batsʰíč]
kurkentrekker (de)	խցանահան	[χtsʰanahán]
filter (de/het)	զտիչ	[ztič]
filteren (ww)	զտել	[ztel]

| huisvuil (het) | աղբ | [aġb] |
| vuilnisemmer (de) | աղբի դույլ | [aġbi dújl] |

67. Badkamer

badkamer (de)	լոգարան	[logarán]
water (het)	ջուր	[dʒur]
kraan (de)	ծորակ	[tsorák]
warm water (het)	տաք ջուր	[takʰ dʒur]
koud water (het)	սառը ջուր	[sárə dʒur]

| tandpasta (de) | ատամի մածուկ | [atamí matsúk] |
| tanden poetsen (ww) | ատամները մաքրել | [atamnérə makʰrél] |

zich scheren (ww)	սափրվել	[sapʰrvél]
scheercrème (de)	սափրվելու փրփուր	[sapʰrvelú prpur]
scheermes (het)	ածելի	[atselí]

wassen (ww)	լվանալ	[lvanál]
een bad nemen	լվացվել	[lvatsʰvél]
douche (de)	ցնցուղ	[tsʰntsʰuġ]
een douche nemen	դուշ ընդունել	[dúš əndunél]

bad (het)	լոգարան	[loġarán]
toiletpot (de)	զուգարանակոնք	[zugaranakónkʰ]
wastafel (de)	լվացարան	[lvatsʰarán]

| zeep (de) | օճառ | [očár] |
| zeepbakje (het) | օճառաման | [očaramán] |

spons (de)	սպունգ	[spung]
shampoo (de)	շամպուն	[šampún]
handdoek (de)	սրբիչ	[srbič]
badjas (de)	խալաթ	[χalátʰ]

| was (bijv. handwas) | լվացք | [lvatsʰkʰ] |
| wasmachine (de) | լվացքի մեքենա | [lvatsʰkʰí mekená] |

| de was doen | սպիտակեղեն լվալ | [spitakeǵén lvál] |
| waspoeder (de) | լվացքի փոշի | [lvatsʰkʰí pʰoší] |

68. Huishoudelijke apparaten

televisie (de)	հեռուստացույց	[herustatsʰújtsʰ]
cassettespeler (de)	մագնիտոֆոն	[magnitofón]
videorecorder (de)	տեսամագնիտոֆոն	[tesamagnitofón]
radio (de)	ընդունիչ	[ənduníč]
speler (de)	նվագարկիչ	[nvagarkíč]

videoprojector (de)	տեսապրոյեկտոր	[tesaproektór]
home theater systeem (het)	տնային կինոթատրոն	[tʰnajín kinotʰatrón]
DVD-speler (de)	DVD նվագարկիչ	[dividí nvagarkíč]
versterker (de)	ուժեղացուցիչ	[uʒeġatsʰutsʰíč]
spelconsole (de)	խաղային համակարգիչ	[χaġajín hamakargíč]

videocamera (de)	տեսախցիկ	[tesaχtsʰík]
fotocamera (de)	լուսանկարչական ապարատ	[lusankarčakán aparát]
digitale camera (de)	թվային լուսանկարչական ապարատ	[tʰvajín lusankarčakán aparát]

stofzuiger (de)	փոշեկուլ	[pʰošekúl]
strijkijzer (het)	արդուկ	[ardúk]
strijkplank (de)	արդուկի տախտակ	[ardukí taχták]

telefoon (de)	հեռախոս	[heraχós]
mobieltje (het)	բջջային հեռախոս	[bdʒdʒajín heraχós]
schrijfmachine (de)	տպող մեքենա	[tpóġ mekʰená]
naaimachine (de)	կարի մեքենա	[kʰarí mekʰená]

miorofoon (de)	միկրոֆոն	[mikrofón]
koptelefoon (de)	ականջակալներ	[akandʒakalnér]
afstandsbediening (de)	հեռակառավարման վահանակ	[herakaravarmán vahanák]

CD (de)	խտասկավառակ	[χtaskavarák]
cassette (de)	ձայներիզ	[dzajneríz]
vinylplaat (de)	սկավառակ	[skavarák]

MENSELIJKE ACTIVITEITEN

Baan. Business. Deel 1

69. Kantoor. Op kantoor werken

kantoor (het)	գրասենյակ	[grasenják]
kamer (de)	սենյակ	[arandznasenják]
secretaris (de)	քարտուղար	[kʰartuġár]

directeur (de)	տնօրեն	[tnorén]
manager (de)	մենեջեր	[menedʒér]
boekhouder (de)	հաշվապահ	[hašvapáh]
werknemer (de)	աշխատակից	[ašχatakítsʰ]

meubilair (het)	կահույք	[kahújkʰ]
tafel (de)	գրասեղան	[graseġán]
bureaustoel (de)	բազկաթոռ	[bazkatʰór]
ladeblok (het)	փոքր պահարան	[pʰokʰr paharán]
kapstok (de)	կախիչ	[kaχótsʰ]

computer (de)	համակարգիչ	[hamakargíč]
printer (de)	տպիչ	[tpíč]
fax (de)	ֆաքս	[fakʰs]
kopieerapparaat (het)	պատճենահանող սարք	[patčenahanóġ sárkʰ]

papier (het)	թուղթ	[tʰuġtʰ]
kantoorartikelen (mv.)	գրենական պիտույքներ	[grenakán pitujkʰnér]
muismat (de)	գորգ	[gorg]
blad (het)	թուղթ	[tʰuġtʰ]
ordner (de)	թղթապանակ	[tʰġtʰapanák]

catalogus (de)	գրացուցակ	[gratsʰutsʰák]
telefoongids (de)	տեղեկատու	[teġekatú]
documentatie (de)	փաստաթղթեր	[pʰastatʰġtʰér]
brochure (de)	գրքույկ	[grkʰújk]
flyer (de)	թռուցիկ	[tʰrutsʰík]
monster (het), staal (de)	օրինակ	[orinák]

training (de)	թրենինգ	[tʰrening]
vergadering (de)	խորհրդակցություն	[χorhrdaktsʰutʰjún]
lunchpauze (de)	ճաշի ընդմիջում	[čaší əndmidʒúm]

een kopie maken	պատճենահանել	[patčenahanél]
de kopieën maken	բազմացնել	[bazmatsʰnél]
een fax ontvangen	ֆաքս ստանալ	[fákʰs stanál]
een fax versturen	ֆաքս ուղարկել	[fákʰs uġarkél]
opbellen (ww)	զանգահարել	[zangaharél]
antwoorden (ww)	պատասխանել	[patasχanél]

doorverbinden (ww)	միացնել	[miatsʰnél]
afspreken (ww)	նշանակել	[nšanakél]
demonstreren (ww)	ցուցադրել	[tsʰutsʰadrél]
absent zijn (ww)	բացակայել	[batsʰakaél]
afwezigheid (de)	բացակայություն	[batsʰakajutʰjún]

70. Bedrijfsprocessen. Deel 1

zaak (de), beroep (het)	գործ	[gorts]
firma (de)	ֆիրմա	[fírma]
bedrijf (maatschap)	ընկերություն	[ənkerutʰjún]
corporatie (de)	միավորում	[miavorúm]
onderneming (de)	ձեռնարկություն	[dzernarkutʰjún]
agentschap (het)	գործակալություն	[gortsakalutʰjún]
overeenkomst (de)	պայմանագիր	[pajmanagír]
contract (het)	պայմանագիր	[pajmanagír]
transactie (de)	գործարք	[gortsárkʰ]
bestelling (de)	պատվեր	[patvér]
voorwaarde (de)	պայման	[pajmán]
in het groot (bw)	մեծածախ	[metsatsáχ]
groothandels- (abn)	մեծածախ	[metsatsáχ]
groothandel (de)	մեծածախ առևտուր	[metsatsáχ arevtúr]
kleinhandels- (abn)	մանրածախ	[manratsáχ]
kleinhandel (de)	մանրածախ առևտուր	[manratsáχ arevtúr]
concurrent (de)	մրցակից	[mrtsʰakítsʰ]
concurrentie (de)	մրցակցություն	[mrtʰaktsʰutʰjún]
concurreren (ww)	մրցակցել	[mrtsʰaktsʰél]
partner (de)	գործընկեր	[gortsənkér]
partnerschap (het)	համագործակցություն	[hamagortsaktsʰutʰjún]
crisis (de)	ճգնաժամ	[čgnaʒám]
bankroet (het)	սնանկություն	[snankutʰjún]
bankroet gaan (ww)	սնանկանալ	[snənkanál]
moeilijkheid (de)	դժվարություն	[dʒvarutʰjún]
probleem (het)	խնդիր	[χndir]
catastrofe (de)	աղետ	[aġét]
economie (de)	տնտեսություն	[tntesutʰjún]
economisch (bn)	տնտեսական	[tntesakán]
economische recessie (de)	տնտեսական անկում	[tntesakán ankúm]
doel (het)	նպատակ	[npaták]
taak (de)	խնդիր	[χndir]
handelen (handel drijven)	առևտուր անել	[arevtúr anél]
netwerk (het)	ցանց	[tsʰantsʰ]
voorraad (de)	պահեստ	[pahést]
assortiment (het)	տեսականի	[tesakaní]
leider (de)	ղեկավար	[ġekavár]
groot (bn)	խոշոր	[χošór]

monopolie (het)	մենաշնորհ	[menašnórh]
theorie (de)	տեսություն	[tesutʰjún]
praktijk (de)	պրակտիկա	[práktika]
ervaring (de)	փորձ	[pʰordz]
tendentie (de)	միտում	[mitúm]
ontwikkeling (de)	զարգացում	[zargatsʰúm]

71. Bedrijfsprocessen. Deel 2

voordeel (het)	շահ	[šah]
voordelig (bn)	շահավետ	[šahavét]
delegatie (de)	պատվիրակություն	[patvirakutʰjún]
salaris (het)	աշխատավարձ	[ašχatavárdz]
corrigeren (fouten ~)	ուղղել	[uġġél]
zakenreis (de)	գործուղում	[gortsuġúm]
commissie (de)	հանձնաժողով	[handznaʒoġóv]
controleren (ww)	վերահսկել	[verahskél]
conferentie (de)	կոնֆերանս	[konferáns]
licentie (de)	լիցենզիա	[litsʰénzja]
betrouwbaar (partner, enz.)	վստահելի	[vstahelí]
aanzet (de)	ձեռնարկած գործ	[dzernarkáts gorts]
norm (bijv. ~ stellen)	նորմա	[nórma]
omstandigheid (de)	հանգամանք	[hangamánkʰ]
taak, plicht (de)	պարտականություն	[partakanutʰjún]
organisatie (bedrijf, zaak)	կազմակերպություն	[kazmakerputʰjún]
organisatie (proces)	կազմակերպում	[kazmakerpúm]
georganiseerd (bn)	կազմակերպված	[kazmakerpváts]
afzegging (de)	վերացում	[veratsʰu:m]
afzeggen (ww)	չեղարկել	[čeġarkél]
verslag (het)	հաշվետվություն	[hašvetvutʰjún]
patent (het)	արտոնագիր	[artonagír]
patenteren (ww)	արտոնագրել	[artonagrél]
plannen (ww)	ծրագրել	[tsragrél]
premie (de)	պարգևավճար	[pargevavčár]
professioneel (bn)	մասնագիտական	[masnagitutsjún]
procedure (de)	ընթացակարգ	[əntʰatsʰakárg]
onderzoeken (contract, enz.)	քննարկել	[kʰnnarkél]
berekening (de)	վճարում	[včarúm]
reputatie (de)	համբավ	[hambáv]
risico (het)	ռիսկ	[risk]
beheren (managen)	ղեկավարել	[ġekavarél]
informatie (de)	տեղեկություններ	[teġekutʰjunnér]
eigendom (bezit)	սեփականություն	[sepʰakanutʰjún]
unie (de)	միավորում	[miavorúm]
levensverzekering (de)	կյանքի ապահովագրություն	[kjankʰí apahovagrutʰjún]
verzekeren (ww)	ապահովագրել	[apahovagrél]

verzekering (de)	ապահովագրություն	[apahovagrutʰjún]
veiling (de)	աճուրդ	[ačúrd]
verwittigen (ww)	ծանուցել	[tsanutsʰél]
beheer (het)	ղեկավարում	[ġekavarúm]
dienst (de)	ծառայություն	[tsarajutʰjún]
forum (het)	համաժողով	[hamaʒoġóv]
functioneren (ww)	գործել	[gortsél]
stap, etappe (de)	փուլ	[pʰul]
juridisch (bn)	իրավաբանական	[iravabanakán]
jurist (de)	իրավաբան	[iravabán]

72. Productie. Werken

industriële installatie (fabriek)	գործարան	[gortsarán]
fabriek (de)	ֆաբրիկա	[fábrika]
werkplaatsruimte (de)	արտադրամաս	[artadramás]
productielocatie (de)	արտադրություն	[artadrutʰjún]
industrie (de)	արդյունաբերություն	[ardjunaberutʰjún]
industrieel (bn)	արդյունաբերական	[ardjunaberakán]
zware industrie (de)	ծանր արդյունաբերություն	[tsánr ardjunaberutʰjún]
lichte industrie (de)	թեթև արդյունաբերություն	[tʰetʰév ardjunaberutʰjún]
productie (de)	արտադրանք	[artadránkʰ]
produceren (ww)	արտադրել	[artadrél]
grondstof (de)	հումք	[humkʰ]
voorman, ploegbaas (de)	բրիգադավար	[brigadavár]
ploeg (de)	բրիգադ	[brigád]
arbeider (de)	բանվոր	[banvór]
werkdag (de)	աշխատանքային օր	[ašxatankʰajín or]
pauze (de)	ընդմիջում	[əndmidʒúm]
samenkomst (de)	ժողով	[ʒoġóv]
bespreken (spreken over)	քննարկել	[kʰnnarkél]
plan (het)	պլան	[plan]
het plan uitvoeren	պլանը կատարել	[plánə katarél]
productienorm (de)	չափաբանակ	[čapʰakʰanák]
kwaliteit (de)	որակ	[vorák]
controle (de)	վերահսկում	[verahskúm]
kwaliteitscontrole (de)	որակի վերահսկում	[vorakí verahskúm]
arbeidsveiligheid (de)	աշխատանքի անվտանգություն	[ašxatankʰí anvtanutʰjún]
discipline (de)	կարգապահություն	[kargapahutʰjún]
overtreding (de)	խախտում	[xaxtúm]
overtreden (ww)	խախտել	[xaxtél]
staking (de)	գործադուլ	[gortsadúl]
staker (de)	գործադուլավոր	[gortsadulavór]
staken (ww)	գործադուլ անել	[gortsadúl anél]
vakbond (de)	արհմիություն	[arhmiutʰjún]

uitvinden (machine, enz.)	հայտնագործել	[hajtnagortsél]
uitvinding (de)	գյուտ	[gjut]
onderzoek (het)	հետազոտություն	[hetazotutʰjún]
verbeteren (beter maken)	բարելավել	[barelavél]
technologie (de)	տեխնոլոգիա	[teχnológia]
technische tekening (de)	գծագիր	[gtsagír]
vracht (de)	բեռ	[ber]
lader (de)	բեռնակիր	[bernakír]
laden (vrachtwagen)	բարձել	[bardzél]
laden (het)	բեռնում	[bernúm]
lossen (ww)	բեռնաթափել	[bernatʰapʰél]
lossen (het)	բեռնաթափում	[bernatʰapʰúm]
transport (het)	փոխադրամիջոց	[pʰoχadramidʒótsʰ]
transportbedrijf (de)	տրանսպորտային ընկերություն	[transportajín ənkerutʰjún]
transporteren (ww)	փոխադրել	[pʰoχadrél]
goederenwagon (de)	վագոն	[vagón]
tank (bijv. ketelwagen)	ցիստեռն	[tsʰistérn]
vrachtwagen (de)	բեռնատար	[bernatár]
machine (de)	հաստոց	[hastótsʰ]
mechanisme (het)	մեխանիզմ	[meχanízm]
industrieel afval (het)	թափոներ	[tʰapʰonnér]
verpakking (de)	փաթեթավորում	[pʰatʰetʰavorúm]
verpakken (ww)	փաթեթավորել	[pʰatʰetʰavorél]

73. Contract. Overeenstemming

contract (het)	պայմանագիր	[pajmanagír]
overeenkomst (de)	համաձայնագիր	[hamadzajnagír]
bijlage (de)	հավելված	[havelváts]
een contract sluiten	պայմանագիր կնքել	[pajmanagír knkʰél]
handtekening (de)	ստորագրություն	[storagrutʰjún]
ondertekenen (ww)	ստորագրել	[storagrél]
stempel (de)	կնիք	[knikʰ]
voorwerp (het) van de overeenkomst	պայմանագրի առարկա	[pajmanagrí araká]
clausule (de)	կետ	[ket]
partijen (mv.)	կողմեր	[koǵmér]
vestigingsadres (het)	իրավաբանական հասցե	[iravabanakán hastsʰé]
het contract verbreken (overtreden)	խախտել պայմանագիրը	[χaχtél pajmanagírə]
verplichting (de)	պարտավորություն	[partavorutʰjún]
verantwoordelijkheid (de)	պատասխանատվություն	[patasχanatvutʰjún]
overmacht (de)	ֆորս-մաժոր	[fórs maʒór]
geschil (het)	վեճ	[več]
sancties (mv.)	տուգանային պատժամիջոցներ	[tuganajín patʒamidʒotsʰnér]

68

74. Import & Export

import (de)	ներմուծում	[nermutsúm]
importeur (de)	ներկրող	[nerkróg]
importeren (ww)	ներմուծել	[nermutsél]
import- (abn)	ներմուծված	[nermutsváts]
exporteur (de)	արտահանող	[artahanóg]
exporteren (ww)	արտահանել	[artahanél]
goederen (mv.)	ապրանք	[apránk{h}]
partij (de)	խմբաքանակ	[χmbak{h}anák]
gewicht (het)	քաշ	[k{h}aš]
volume (het)	ծավալ	[tsavál]
kubieke meter (de)	խորանարդ մետր	[χoranárd métr]
producent (de)	արտադրող	[artadróg]
transportbedrijf (de)	տրանսպորտային ընկերություն	[transportajín ənkerut{h}jún]
container (de)	բեռնարկղ	[bernárkg]
grens (de)	սահման	[sahmán]
douane (de)	մաքսատուն	[mak{h}satún]
douanerecht (het)	մաքսատուրք	[maksatúrk{h}]
douanier (de)	մաքսավոր	[mak{h}savór]
smokkelen (het)	մաքսանենգություն	[mak{h}sanengut{h}jún]
smokkelwaar (de)	մաքսանենգ ապրանք	[maksanéng apránk{h}]

75. Financiën

aandeel (het)	բաժնետոմս	[baʒnetóms]
obligatie (de)	փոխառության պարտատոմս	[p{h}oχarut{h}ján pajmanagír]
wissel (de)	մուրհակ	[murhák]
beurs (de)	բորսա	[bórsa]
aandelenkoers (de)	բաժնետոմսերի վարկանիշ	[baʒnetomserí varkaníš]
dalen (ww)	գին ընկնել	[gín ənknél]
stijgen (ww)	գինը բարձրանալ	[ginə bardzranál]
meerderheidsbelang (het)	վերահսկիչ փաթեթ	[verahskíč p{h}at{h}ét{h}]
investeringen (mv.)	ներդրումներ	[nerdrumnér]
investeren (ww)	ներդնել	[nerdnél]
procent (het)	տոկոս	[tokós]
rente (de)	տոկոսներ	[tokosnér]
winst (de)	շահույթ	[šahújt{h}]
winstgevend (bn)	շահավետ	[šahavét]
belasting (de)	հարկ	[hark]
valuta (vreemde ~)	տարադրամ	[taradrám]
nationaal (bn)	ազգային	[azgajín]

ruil (de) փոխանակում [pʰoχanakúm]
boekhouder (de) հաշվապահ [hašvapáh]
boekhouding (de) հաշվապահություն [hašvapahutʰjún]

bankroet (het) սնանկություն [snankutʰjún]
ondergang (de) սնանկություն [snankutʰjún]
faillissement (het) սնանկություն [snankutʰjún]
geruïneerd zijn (ww) սնանկանալ [snənkanál]
inflatie (de) գնաճ [gnač]
devaluatie (de) դեվալվացիա [devalvátsʰia]

kapitaal (het) կապիտալ [kapitál]
inkomen (het) շահույթ [šahújtʰ]
omzet (de) շրջանառություն [šrdʒanarutʰjún]
middelen (mv.) միջոցներ [midʒotsʰnér]
financiële middelen (mv.) դրամական միջոցներ [dramakán midʒotsʰnér]
reduceren (kosten ~) կրճատել [krčatél]

76. Marketing

marketing (de) մարքեթինգ [markʰetʰíng]
markt (de) շուկա [šuká]
marktsegment (het) շուկայի հատված [šukají hatváts]
product (het) արտադրատեսակ [aprankʰatesák]
goederen (mv.) ապրանք [apránkʰ]

handelsmerk (het) առևտրային նշան [arevtrajín nšan]
beeldmerk (het) ֆիրմային նշան [firmajín nšan]
logo (het) լոգոտիպ [logotíp]

vraag (de) պահանջարկ [pahandʒárk]
aanbod (het) առաջարկ [aradʒárk]
behoefte (de) կարիք [karíkʰ]
consument (de) սպառող [sparóġ]

analyse (de) վերլուծություն [verlutsutʰjún]
analyseren (ww) վերլուծել [verlutsél]
positionering (de) դիրքավորում [dirkʰavorúm]
positioneren (ww) դիրքավորվել [dirkʰavorvél]

prijs (de) գին [gin]
prijspolitiek (de) գնային քաղաքականություն [gnajín kʰaġakʰakanutʰjún]
prijsvorming (de) գնագոյացում [gnagojatsʰúm]

77. Reclame

reclame (de) գովազդ [govázd]
adverteren (ww) գովազդել [govazdél]
budget (het) բյուջե [bjudʒé]

advertentie, reclame (de) գովազդ [govázd]
TV-reclame (de) հեռուստագովազդ [herustagovázd]

radioreclame (de)	ռադիոգովազդ	[radiogovázd]
buitenreclame (de)	արտաքին գովազդ	[artakʰín govázd]
massamedia (de)	զանգվածային լրատվության միջոցներ	[zangvatsajín lratvutʰján midʒotsʰnér]
periodiek (de)	պարբերական	[parberakán]
imago (het)	իմիջ	[imídʒ]
slagzin (de)	նշանաբան	[nšanabán]
motto (het)	նշանաբան	[nšanabán]
campagne (de)	արշավ	[aršáv]
reclamecampagne (de)	գովազդարշավ	[govazdaršáv]
doelpubliek (het)	նպատակային լսարան	[npatakajín lsarán]
visitekaartje (het)	այցեքարտ	[ajtsʰekʰárt]
flyer (de)	թռուցիկ	[tʰrutsʰík]
brochure (de)	գրքույկ	[grkʰújk]
folder (de)	ծալաթերթիկ	[tsalatʰertík]
nieuwsbrief (de)	տեղեկատվական թերթիկ	[teǵekatvakán tʰertʰík]
gevelreclame (de)	ցուցանակ	[tsʰutsʰanák]
poster (de)	ձգապաստառ	[dʒgapastár]
aanplakbord (het)	վահանակ	[vahanák]

78. Bankieren

bank (de)	բանկ	[bank]
bankfiliaal (het)	բաժանմունք	[baʒanmúnkʰ]
bankbediende (de)	խորհրդատու	[xorhrdatú]
manager (de)	կառավարիչ	[karavaríč]
bankrekening (de)	հաշիվ	[hašív]
rekeningnummer (het)	հաշվի համար	[hašví hamár]
lopende rekening (de)	ընթացիկ հաշիվ	[əntʰatsʰík hašív]
spaarrekening (de)	կուտակային հաշիվ	[kutakajín hašív]
een rekening openen	հաշիվ բացել	[hašív batsʰél]
de rekening sluiten	հաշիվ փակել	[hašív pʰakél]
op rekening storten	հաշվի վրա գցել	[hašví vra gtsʰel]
opnemen (ww)	հաշվից հանել	[hašvítsʰ hanél]
storting (de)	ավանդ	[avánd]
een storting maken	ավանդ ներդնել	[avánd nerdnél]
overschrijving (de)	փոխանցում	[pʰoxantsʰúm]
een overschrijving maken	փոխանցում կատարել	[pʰoxantsʰúm katarél]
som (de)	գումար	[gumár]
Hoeveel?	Որքա՞ն	[vorkʰán?]
handtekening (de)	ստորագրություն	[storagrutʰjún]
ondertekenen (ww)	ստորագրել	[storagrél]
kredietkaart (de)	վարկային քարտ	[varkʰajín kʰárt]

Nederlands	Armeens	Transcriptie
code (de)	կոդ	[kod]
kredietkaartnummer (het)	վարկային քարտի համար	[varkʰajín kʰartí hamár]
geldautomaat (de)	բանկոմատ	[bankomát]
cheque (de)	չեկ	[čekʰ]
een cheque uitschrijven	չեկ դուրս գրել	[čekʰ durs grel]
chequeboekje (het)	չեկային գրքույկ	[čekʰajín grkʰújk]
lening, krediet (de)	վարկ	[vark]
een lening aanvragen	դիմել վարկստանալու համար	[dimél várk stanalú hamár]
een lening nemen	վարկ վերցնել	[vark vertsʰnél]
een lening verlenen	վարկ տրամադրել	[vark tramadrél]
garantie (de)	գրավական	[gravakán]

79. Telefoon. Telefoongesprek

Nederlands	Armeens	Transcriptie
telefoon (de)	հեռախոս	[heraxós]
mobieltje (het)	բջջային հեռախոս	[bdʒdʒajín heraxós]
antwoordapparaat (het)	ինքնապատասխանիչ	[inkʰnapatasxaníč]
bellen (ww)	զանգահարել	[zangaharél]
belletje (telefoontje)	զանգ	[zang]
een nummer draaien	համարը հավաքել	[hamárə havakʰél]
Hallo!	Ալո՜	[aló!]
vragen (ww)	հարցնել	[hartsʰnél]
antwoorden (ww)	պատասխանել	[patasxanél]
horen (ww)	լսել	[lsel]
goed (bw)	լավ	[lav]
slecht (bw)	վատ	[vat]
storingen (mv.)	խանգարումներ	[xangarumnér]
hoorn (de)	լսափող	[lsapʰóġ]
opnemen (ww)	լսափողը վերցնել	[lsapʰóġə vertsʰnél]
ophangen (ww)	լսափողը դնել	[lsapʰóġə dnél]
bezet (bn)	զբաղված	[zbaġváts]
overgaan (ww)	զանգել	[zangél]
telefoonboek (het)	հեռախոսագիրք	[heraxosagírkʰ]
lokaal (bn)	տեղային	[teġajín]
interlokaal (bn)	միջքաղաքային	[midʒkaġakʰajín]
buitenlands (bn)	միջազգային	[midʒazgajín]

80. Mobiele telefoon

Nederlands	Armeens	Transcriptie
mobieltje (het)	բջջային հեռախոս	[bdʒdʒajín heraxós]
scherm (het)	էկրան	[ēkrán]
toets, knop (de)	կոճակ	[kočák]
simkaart (de)	SIM-քարտ	[sim kʰart]

batterij (de)	մարտկոց	[martkótsʰ]
leeg zijn (ww)	լիցքաթափվել	[litsʰkʰatʰapʰvél]
acculader (de)	լիցքավորման սարք	[litsʰkavormán sárkʰ]
menu (het)	մենյու	[menjú]
instellingen (mv.)	լարք	[larkʰ]
melodie (beltoon)	մեղեդի	[meġedí]
selecteren (ww)	ընտրել	[əntrél]
rekenmachine (de)	հաշվիչ	[hašvíč]
voicemail (de)	ինքնապատասխանիչ	[inkʰnapatasχaníč]
wekker (de)	զարթուցիչ	[zartʰutsʰíč]
contacten (mv.)	հեռախոսագիրք	[heraχosagírkʰ]
SMS-bericht (het)	SMS-հաղորդագրություն	[SMS haġordagrutʰjún]
abonnee (de)	բաժանորդ	[baʒanórd]

81. Schrijfbehoeften

balpen (de)	ինքնահոս գրիչ	[inkʰnahós gríč]
vulpen (de)	փետրավոր գրիչ	[pʰetravór grič]
potlood (het)	մատիտ	[matít]
marker (de)	նշիչ	[nšič]
viltstift (de)	ֆլոմաստեր	[flomastér]
notitieboekje (het)	նոթատետր	[notʰatétr]
agenda (boekje)	օրագիրք	[oragírkʰ]
liniaal (de/het)	քանոն	[kʰanón]
rekenmachine (de)	հաշվիչ	[hašvíč]
gom (de)	ռետին	[retín]
punaise (de)	սեղմակ	[severák]
paperclip (de)	ամրակ	[amrák]
lijm (de)	սոսինձ	[sosíndz]
nietmachine (de)	ճարմանդակարիչ	[čarmandakaríč]
perforator (de)	ծակոտիչ	[tsakotíč]
potloodslijper (de)	սրիչ	[srič]

82. Soorten bedrijven

boekhouddiensten (mv.)	հաշվապահական ծառայություններ	[hašvapahakán tsarajutʰjúnnér]
reclame (de)	գովազդ	[govázd]
reclamebureau (het)	գովազդային գործակալություն	[govazdajín gortsakalutʰjún]
airconditioning (de)	օդորակիչներ	[odorakičnér]
luchtvaartmaatschappij (de)	ավիաընկերություն	[aviaənkerutʰjún]
alcoholische dranken (mv.)	ոգելից խմիչքներ	[vogelítsʰ χmičkʰnér]
antiek (het)	հնաոճ իրեր	[hnavóč irér]

kunstgalerie (de)	սրահ	[srah]
audit diensten (mv.)	աուդիտորական ծառայություններ	[auditorakán tsarajut^hjún]

banken (mv.)	բանկային գործ	[bankajín gorts]
bar (de)	բար	[bar]
schoonheidssalon (de/het)	գեղեցկության սրահ	[geġets^hkut^hján sráh]
boekhandel (de)	գրախանութ	[graχanút^h]
bierbrouwerij (de)	գարեջրի գործարան	[garedʒrí gortsarán]
zakencentrum (het)	բիզնես-կենտրոն	[bíznes kentrón]
business school (de)	բիզնես-դպրոց	[bíznes dpróts^h]

casino (het)	խաղատուն	[χaġatún]
bouwbedrijven (mv.)	շինարարություն	[šinararut^hjún]
adviesbureau (het)	խորհրդատվություն	[χorhrdatvut^hjún]

tandheelkunde (de)	ատամնաբուժություն	[atamnabuʒut^hjún]
design (het)	դիզայն	[dizájn]
apotheek (de)	դեղատուն	[deġatún]
stomerij (de)	քիմմաքրման կետ	[k^himmak^hrmán két]
uitzendbureau (het)	աշխատանքի տեղավորման գործակալություն	[ašχatank^hí teġavormán gortsakalut^hjún]

financiële diensten (mv.)	ֆինանսական ծառայություններ	[finansakán tsarajut^hjúnnér]
voedingswaren (mv.)	սննդամթերք	[snndamt^hérk^h]
uitvaartcentrum (het)	թաղման բյուրո	[t^haġmán bjuró]
meubilair (het)	կահույք	[kahújk^h]
kleding (de)	հագուստ	[hagúst]
hotel (het)	հյուրանոց	[hjuranóts^h]

ijsje (het)	պաղպաղակ	[paġpaġák]
industrie (de)	արդյունաբերություն	[ardjunaberut^hjún]
verzekering (de)	ապահովագրություն	[apahovagrut^hjún]
Internet (het)	ինտերնետ	[internét]
investeringen (mv.)	ներդրումներ	[nerdrumnér]

juwelier (de)	ոսկերիչ	[voskeríč]
juwelen (mv.)	ոսկերչական իրեր	[voskerčakán irér]
wasserette (de)	լվացքատուն	[lvats^hk^hatún]
juridische diensten (mv.)	իրավաբանական ծառայություններ	[iravabanakán tsarajut^hjúnnér]
lichte industrie (de)	թեթև արդյունաբերություն	[t^het^hév ardjunaberut^hjún]

tijdschrift (het)	ամսագիր	[amsagír]
postorderbedrijven (mv.)	գրացուցակով առևտուր	[grats^huts^hakóv arevtúr]
medicijnen (mv.)	բժշկություն	[bʒškut^hjún]
bioscoop (de)	կինոթատրոն	[kinot^hatrón]
museum (het)	թանգարան	[t^hangarán]

persbureau (het)	տեղեկատվական գործակալություն	[teġekatvakán gortsakalut^hjún]
krant (de)	թերթ	[t^hert^h]
nachtclub (de)	գիշերային ակումբ	[gišerajín akúmb]
olie (aardolie)	նավթ	[navt^h]

koerierdienst (de)	առաքման ծառայություն	[arakʰmán tsarajutʰjún]
farmacie (de)	դեղագիտություն	[deġagitutʰjún]
drukkerij (de)	տպագրություն	[tpagrutʰjún]
uitgeverij (de)	հրատարակչություն	[hratarakčutʰjún]
radio (de)	ռադիո	[rádio]
vastgoed (het)	անշարժ գույք	[anšárʒ gújkʰ]
restaurant (het)	ռեստորան	[restorán]
bewakingsfirma (de)	անվտանգության գործակալություն	[anvtangutʰján gortsakalutʰjún]
sport (de)	սպորտ	[sport]
handelsbeurs (de)	բորսա	[bórsa]
winkel (de)	խանութ	[χanútʰ]
supermarkt (de)	սուպերմարքեթ	[supermarkʰétʰ]
zwembad (het)	լողավազան	[loġavazán]
naaiatelier (het)	արվեստանոց	[arvestanótsʰ]
televisie (de)	հեռուստատեսություն	[herustatesutʰjún]
theater (het)	թատրոն	[tʰatrón]
handel (de)	առևտուր	[arevtúr]
transport (het)	փոխադրումներ	[pʰoχadrumnér]
toerisme (het)	զբոսաշրջություն	[zbosašrdʒutʰjún]
dierenarts (de)	անասնաբույժ	[anasnabújʒ]
magazijn (het)	պահեստ	[pahést]
afvalinzameling (de)	աղբի դուրս հանում	[aġbí dúrs hanúm]

Baan. Business. Deel 2

83. Show. Tentoonstelling

beurs (de)	ցուցահանդես	[tsʰutsʰahandés]
vakbeurs, handelsbeurs (de)	առևտրական ցուցահանդես	[arevtrajín tsʰutsʰahandés]
deelneming (de)	մասնակցություն	[masnaktsʰutʰjún]
deelnemen (ww)	մասնակցել	[masnaktsʰél]
deelnemer (de)	մասնակից	[masnakítsʰ]
directeur (de)	տնօրեն	[tnorén]
organisatiecomité (het)	տնօրինություն	[tnorinutʰjún]
organisator (de)	կազմակերպիչ	[kazmakerpíč]
organiseren (ww)	կազմակերպել	[kazmakerpél]
deelnemingsaanvraag (de)	մասնակցության հայտ	[masnaktsʰutʰján hajt]
invullen (een formulier ~)	լրացնել	[lratsʰnél]
details (mv.)	մանրամասներ	[manramasnér]
informatie (de)	տեղեկատվություն	[teġekatvutʰjún]
prijs (de)	գին	[gin]
inclusief (bijv. ~ BTW)	ներառյալ	[nerarjál]
inbegrepen (alles ~)	ներառել	[nerarél]
betalen (ww)	վճարել	[včarél]
registratietarief (het)	գրանցավճար	[grantsʰavčár]
ingang (de)	մուտք	[mutkʰ]
paviljoen (het), hal (de)	վաճառասրահ	[vačarasráh]
registreren (ww)	գրանցել	[grantsʰél]
badge, kaart (de)	բեջ	[bedʒ]
beursstand (de)	ցուցատախտակ	[tsʰutsʰataχták]
reserveren (een stand ~)	նախորոք պատվիրել	[naχorókʰ patvirél]
vitrine (de)	ցուցափեղկ	[tsʰutsʰapʰéġk]
licht (het)	լրացնել	[lratsʰnél]
design (het)	դիզայն	[dizájn]
plaatsen (ww)	տեղավորել	[teġavorél]
distributeur (de)	դիստրիբյուտոր	[distribjutór]
leverancier (de)	մատակարար	[matakarár]
land (het)	երկիր	[erkír]
buitenlands (bn)	օտարերկրյա	[otarerkrjá]
product (het)	արդյունքատեսակ	[aprankʰatesák]
associatie (de)	միություն	[miutʰjún]
conferentiezaal (de)	կոնֆերանսների դահլիճ	[konferansnerí dahlíč]
congres (het)	վեհաժողով	[vehaʒoġóv]

T&P Books. Thematische woordenschat Nederlands-Armeens - 5000 woorden

wedstrijd (de)	մրցույթ	[mrtsʰujtʰ]
bezoeker (de)	հաճախորդ	[hačaxórd]
bezoeken (ww)	հաճախել	[hačaxél]
afnemer (de)	պատվիրատու	[patviratú]

84. Wetenschap. Onderzoek. Wetenschappers

wetenschap (de)	գիտություն	[gitutʰjún]
wetenschappelijk (bn)	գիտական	[gitakán]
wetenschapper (de)	գիտնական	[gitnakán]
theorie (de)	տեսություն	[tesutʰjún]

axioma (het)	աքսիոմ	[akʰsióm]
analyse (de)	վերլուծություն	[verlutsutʰjún]
analyseren (ww)	վերլուծել	[verlutsél]
argument (het)	փաստարկ	[pʰastárk]
substantie (de)	նյութ	[njutʰ]

hypothese (de)	հիպոտեզ	[hipotéz]
dilemma (het)	երկընտրանք	[erkəntránkʰ]
dissertatie (de)	դիսերտացիա	[disertátsʰia]
dogma (het)	դոգմա	[dógma]

doctrine (de)	ուսմունք	[usmúnkʰ]
onderzoek (het)	հետազոտություն	[hetazotutʰjún]
onderzoeken (ww)	հետազոտել	[hetazotél]
toetsing (de)	վերահսկում	[verahskúm]
laboratorium (het)	լաբորատորիա	[laboratória]

methode (de)	մեթոդ	[metʰód]
molecule (de/het)	մոլեկուլ	[molekúl]
monitoring (de)	մոնիթորինգ	[monitʰóring]
ontdekking (de)	հայտնագործություն	[hajtnagortsutʰjún]

postulaat (het)	կանխադրույթ	[kanxadrújtʰ]
principe (het)	սկզբունք	[skzbúnkʰ]
voorspelling (de)	կանխատեսություն	[kanxatesutʰjún]
een prognose maken	կանխատեսել	[kanxatesél]

synthese (de)	սինթեզ	[sintʰéz]
tendentie (de)	միտում	[mitúm]
theorema (het)	թեորեմ	[tʰeorém]

leerstellingen (mv.)	ուսմունք	[usmúnkʰ]
feit (het)	փաստ	[pʰast]
expeditie (de)	արշավ	[aršáv]
experiment (het)	գիտափորձ	[gitapʰórdz]

academicus (de)	ակադեմիկոս	[akademikós]
bachelor (bijv. BA, LLB)	բակալավր	[bakalávr]
doctor (de)	դոկտոր	[doktór]
universitair docent (de)	դոցենտ	[dotsʰént]
master, magister (de)	մագիստրոս	[magistrós]
professor (de)	պրոֆեսոր	[profesór]

77

Beroepen en ambachten

85. Zoeken naar werk. Ontslag

baan (de)	աշխատանք	[ašxatánkʰ]
personeel (het)	աշխատակազմ	[ašxatakázm]
carrière (de)	կարիերա	[karéra]
vooruitzichten (mv.)	հեռանկար	[herankár]
meesterschap (het)	վարպետություն	[varpetutʰjún]
keuze (de)	ընտրություն	[əntrutʰjún]
uitzendbureau (het)	աշխատանքի տեղավորման գործակալություն	[ašxatankʰí teğavormán gortsakalutʰjún]
CV, curriculum vitae (het)	ինքնակենսագրություն	[inkʰnakensagrutʰjún]
sollicitatiegesprek (het)	հարցազրույց	[hartsʰazrújtsʰ]
vacature (de)	թափուր աշխատատեղ	[tʰapʰúr ašxatatéğ]
salaris (het)	աշխատավարձ	[ašxatavárdz]
vaste salaris (het)	դրույք	[drujkʰ]
loon (het)	վարձավճար	[vardzavčár]
betrekking (de)	պաշտոն	[paštón]
taak, plicht (de)	պարտականություն	[partakanutʰjún]
takenpakket (het)	շրջանակ	[šrdʒanák]
bezig (~ zijn)	զբաղված	[zbağváts]
ontslagen (ww)	հեռացնել	[heratsʰnél]
ontslag (het)	հեռացում	[heratsʰúm]
werkloosheid (de)	գործազրկություն	[gortsazrkutʰjún]
werkloze (de)	գործազուրկ	[gortsazúrk]
pensioen (het)	թոշակ	[tʰošák]
met pensioen gaan	թոշակի գնալ	[tʰošakí gnál]

86. Zakenmensen

directeur (de)	տնօրեն	[tnorén]
beheerder (de)	կառավարիչ	[karavaríč]
hoofd (het)	ղեկավար	[ğekavár]
baas (de)	պետ	[pet]
superieuren (mv.)	ղեկավարություն	[ğekavarutʰjún]
president (de)	նախագահ	[naxagáh]
voorzitter (de)	նախագահ	[naxagáh]
adjunct (de)	տեղակալ	[teğakál]
assistent (de)	օգնական	[ognakán]

secretaris (de)	քարտուղար	[kʰartuġár]
persoonlijke assistent (de)	անձնական քարտուղար	[andznakán kʰartuġár]
zakenman (de)	գործարար	[gortsarár]
ondernemer (de)	ձեռներեց	[dzernerétsʰ]
oprichter (de)	հիմնադիր	[himnadír]
oprichten (een nieuw bedrijf ~)	հիմնադրել	[himnadrél]
stichter (de)	սահմանադրող	[sahmmanadróġ]
partner (de)	գործընկեր	[gortsənkér]
aandeelhouder (de)	բաժնետեր	[baʒnetér]
miljonair (de)	միլիոնատեր	[milionatér]
miljardair (de)	միլիարդեր	[miliardatér]
eigenaar (de)	սեփականատեր	[sepʰakanatér]
landeigenaar (de)	հողատեր	[hoġatér]
klant (de)	հաճախորդ	[hačaxórd]
vaste klant (de)	մշտական հաճախորդ	[mštakán hačaxórd]
koper (de)	գնորդ	[gnord]
bezoeker (de)	հաճախորդ	[hačaxórd]
professioneel (de)	պրոֆեսիոնալ	[profesionál]
expert (de)	փորձագետ	[pʰordzagét]
specialist (de)	մասնագետ	[masnagét]
bankier (de)	բանկատեր	[bankatér]
makelaar (de)	բրոկեր	[bróker]
kassier (do)	գանձապահ	[gandzapáh]
boekhouder (de)	հաշվապահ	[hašvapáh]
bewaker (de)	անվտանգության աշխատակից	[anvtangutʰján ašxatakítsʰ]
investeerder (de)	ներդրող	[nerdróġ]
schuldenaar (de)	պարտապան	[partapán]
crediteur (de)	վարկատու	[varkarú]
lener (de)	փոխատու	[pʰoxarú]
importeur (de)	ներկրող	[nerkróġ]
exporteur (de)	արտահանող	[artahanóġ]
producent (de)	արտադրող	[artadróġ]
distributeur (de)	դիստրիբյուտոր	[distribjutór]
bemiddelaar (de)	միջնորդ	[midʒnórd]
adviseur, consulent (de)	խորհրդատու	[xorhrdatú]
vertegenwoordiger (de)	ներկայացուցիչ	[nerkajatsʰutsʰíčʰ]
agent (de)	գործակալ	[gortsakál]
verzekeringsagent (de)	ապահովագրական գործակալ	[apahovagrakán gortsakál]

87. Dienstverlenende beroepen

kok (de)	խոհարար	[xoharár]
chef-kok (de)	շեֆ-խոհարար	[šéf xoharár]
bakker (de)	հացթուխ	[hatsʰtʰúx]
barman (de)	բարմեն	[barmén]
kelner, ober (de)	մատուցող	[matutsʰóġ]
serveerster (de)	մատուցողուհի	[matutsʰoġuhí]
advocaat (de)	փաստաբան	[pʰastabán]
jurist (de)	իրավաբան	[iravabán]
notaris (de)	նոտար	[notár]
elektricien (de)	մոնտյոր	[montjor]
loodgieter (de)	սանտեխնիկ	[santexník]
timmerman (de)	ատաղձագործ	[ataġdzagórts]
masseur (de)	մերսող	[mersóġ]
masseuse (de)	մերսող	[mersóġ]
dokter, arts (de)	բժիշկ	[bʒišk]
taxichauffeur (de)	տակսու վարորդ	[taksú varórd]
chauffeur (de)	վարորդ	[varórd]
koerier (de)	առաքիչ	[arakʰíč]
kamermeisje (het)	սպասավորուհի	[spasavoruhí]
bewaker (de)	անվտանգության աշխատակից	[anvtangutʰján ašxatakitsʰ]
stewardess (de)	ուղեկցորդուհի	[uġektsʰorduhí]
meester (de)	ուսուցիչ	[usutsʰíč]
bibliothecaris (de)	գրադարանավար	[gradaranavár]
vertaler (de)	թարգմանիչ	[tʰargmaníč]
tolk (de)	թարգմանիչ	[tʰargmaníč]
gids (de)	գիդ	[gid]
kapper (de)	վարսահարդար	[varsahardár]
postbode (de)	փոստատար	[pʰostatár]
verkoper (de)	վաճառող	[vačaróġ]
tuinman (de)	այգեպան	[ajgepán]
huisbediende (de)	աղախին	[aġaxín]
dienstmeisje (het)	աղախին	[aġaxín]
schoonmaakster (de)	հավաքարար	[havakʰarár]

88. Militaire beroepen en rangen

soldaat (rang)	շարքային	[šarkʰajín]
sergeant (de)	սերժանտ	[serʒánt]
luitenant (de)	լեյտենանտ	[lejtenánt]
kapitein (de)	կապիտան	[kapitán]
majoor (de)	մայոր	[majór]

kolonel (de)	գնդապետ	[gndapét]
generaal (de)	գեներալ	[generál]
maarschalk (de)	մարշալ	[maršál]
admiraal (de)	ադմիրալ	[admirál]
militair (de)	զինվորական	[zinvorakán]
soldaat (de)	զինվոր	[zinvór]
officier (de)	սպա	[spa]
commandant (de)	հրամանատար	[hramanatár]
grenswachter (de)	սահմանապահ	[sahmanapáh]
marconist (de)	ռադիոկապավոր	[radiokapavór]
verkenner (de)	հետախույզ	[hetaχújz]
sappeur (de)	սակրավոր	[sakravór]
schutter (de)	հրաձիգ	[hradzíg]
stuurman (de)	ղեկապետ	[ġekapét]

89. Ambtenaren. Priesters

koning (de)	թագավոր	[tʰagavór]
koningin (de)	թագուհի	[tʰaguhí]
prins (de)	արքայազն	[arkʰajázn]
prinses (de)	արքայադուստր	[arkʰajadústr]
tsaar (de)	թագավոր	[tʰagavór]
tsarina (de)	թագուհի	[tʰaguhí]
president (de)	նախագահ	[naχagáh]
minister (de)	նախարար	[naχarár]
eerste minister (de)	վարչապետ	[varčapét]
senator (de)	սենատոր	[senatór]
diplomaat (de)	դիվանագետ	[divanagét]
consul (de)	հյուպատոս	[hjupatós]
ambassadeur (de)	դեսպան	[despán]
adviseur (de)	խորհրդական	[χorhrdakán]
ambtenaar (de)	պետական պաշտոնյա	[petakán paštonjá]
prefect (de)	ոստիկանապետ	[vostikanapét]
burgemeester (de)	քաղաքապետ	[kʰaġakapét]
rechter (de)	դատավոր	[datavór]
aanklager (de)	դատախազ	[dataχáz]
missionaris (de)	միսիոներ	[misionér]
monnik (de)	վանական	[vanakán]
abt (de)	աբբատ	[abbát]
rabbi, rabbijn (de)	ռավվին	[ravvín]
vizier (de)	վեզիր	[vezír]
sjah (de)	շահ	[šah]
sjeik (de)	շեյխ	[šejχ]

90. Agrarische beroepen

imker (de)	մեղվապահ	[meǵvapáh]
herder (de)	հովիվ	[hovív]
landbouwkundige (de)	ագրոնոմ	[agronóm]
veehouder (de)	անասնաբույծ	[anasnabújts]
dierenarts (de)	անասնաբույժ	[anasnabúj ʒ]
landbouwer (de)	ֆերմեր	[fermér]
wijnmaker (de)	գինեգործ	[ginegórts]
zoöloog (de)	կենդանաբան	[kendanabán]
cowboy (de)	կովբոյ	[kovbój]

91. Kunst beroepen

acteur (de)	դերասան	[derasán]
actrice (de)	դերասանուհի	[derasanuhí]
zanger (de)	երգիչ	[ergíč]
zangeres (de)	երգչուհի	[ergčuhí]
danser (de)	պարող	[paróǵ]
danseres (de)	պարուհի	[paruhí]
artiest (mann.)	դերասան	[derasán]
artiest (vrouw.)	դերասանուհի	[derasanuhí]
muzikant (de)	երաժիշտ	[eraʒíšt]
pianist (de)	դաշնակահար	[dašnakahár]
gitarist (de)	կիթառահար	[kitʰarahár]
orkestdirigent (de)	դիրիժոր	[diriʒor]
componist (de)	կոմպոզիտոր	[kompozitór]
impresario (de)	իմպրեսարիո	[impresário]
filmregisseur (de)	ռեժիսոր	[reʒisjor]
filmproducent (de)	պրոդյուսեր	[prodjusér]
scenarioschrijver (de)	սցենարի հեղինակ	[stsʰenarí heǵinák]
criticus (de)	քննադատ	[kʰnnadát]
schrijver (de)	գրող	[groǵ]
dichter (de)	բանաստեղծ	[banastéǵts]
beeldhouwer (de)	քանդակագործ	[kʰandakagórts]
kunstenaar (de)	նկարիչ	[nkaríč]
jongleur (de)	ձեռնածու	[dzernatsú]
clown (de)	ծաղրածու	[tsaǵratsú]
acrobaat (de)	ակրոբատ	[akrobát]
goochelaar (de)	աճպարար	[ačparár]

92. Verschillende beroepen

dokter, arts (de)	բժիշկ	[bʒišk]
ziekenzuster (de)	բուժքույր	[buʒkʰújr]
psychiater (de)	հոգեբույժ	[hogebújʒ]
tandarts (de)	ատամնաբույժ	[atamnabújʒ]
chirurg (de)	վիրաբույժ	[virabújʒ]
astronaut (de)	աստղանավորդ	[astganavórd]
astronoom (de)	աստղագետ	[astgagét]
piloot (de)	օդաչու	[odačú]
chauffeur (de)	վարորդ	[varórd]
machinist (de)	մեքենավար	[mekʰenavár]
mecanicien (de)	մեխանիկ	[meχaník]
mijnwerker (de)	հանքափոր	[hankʰapʰór]
arbeider (de)	բանվոր	[banvór]
bankwerker (de)	փականագործ	[pʰakanagórts]
houtbewerker (de)	ատաղձագործ	[atagdzagórts]
draaier (de)	խառատ	[χarát]
bouwvakker (de)	շինարար	[šinarár]
lasser (de)	զոդագործ	[zodagórts]
professor (de)	պրոֆեսոր	[profesór]
architect (de)	ճարտարապետ	[čartarapét]
historicus (de)	պատմաբան	[patmabán]
wetenschapper (de)	գիտնական	[gitnakán]
fysicus (de)	ֆիզիկոս	[fizikós]
scheikundige (de)	քիմիկոս	[kʰimikós]
archeoloog (de)	հնագետ	[hnagét]
geoloog (de)	երկրաբան	[erkrabán]
onderzoeker (de)	հետազոտող	[hetazotóg]
babysitter (de)	դայակ	[daják]
leraar, pedagoog (de)	մանկավարժ	[mankavárʒ]
redacteur (de)	խմբագիր	[χmbagír]
chef-redacteur (de)	գլխավոր խմբագիր	[glχavór χmbagír]
correspondent (de)	թղթակից	[tʰgtʰakítsʰ]
typiste (de)	մեքենագրուհի	[mekʰenagruhí]
designer (de)	դիզայներ	[dizajnér]
computerexpert (de)	համակարգչի մասնագետ	[hamakargčí masnagét]
programmeur (de)	ծրագրավորող	[tsragravoróg]
ingenieur (de)	ինժեներ	[inʒenér]
matroos (de)	ծովային	[tsovajín]
zeeman (de)	նավաստի	[navastí]
redder (de)	փրկարար	[pʰrkarár]
brandweerman (de)	հրշեջ	[hršedʒ]
politieagent (de)	ոստիկան	[vostikán]
nachtwaker (de)	պահակ	[pahák]

detective (de)	խուզարկու	[xuzarkú]
douanier (de)	մաքսավոր	[makʰsavór]
lijfwacht (de)	թիկնապահ	[tʰiknapáh]
gevangenisbewaker (de)	պահակ	[pahák]
inspecteur (de)	տեսուչ	[tesúč]

sportman (de)	մարզիկ	[marzík]
trainer (de)	մարզիչ	[marzíč]
slager, beenhouwer (de)	մսավաճառ	[msavačár]
schoenlapper (de)	կոշկակար	[koškakár]
handelaar (de)	առևտրական	[arevtrakán]
lader (de)	բեռնակիր	[bernakír]

| kledingstilist (de) | մոդելյեր | [modelér] |
| model (het) | մոդել | [modél] |

93. Beroepen. Sociale status

| scholier (de) | աշակերտ | [ašakért] |
| student (de) | ուսանող | [usanóǵ] |

filosoof (de)	փիլիսոփա	[pʰilisopá]
econoom (de)	տնտեսագետ	[tntesagét]
uitvinder (de)	գյուտարար	[gjutarár]

werkloze (de)	գործազուրկ	[gortsazúrk]
gepensioneerde (de)	թոշակառու	[tʰošakarú]
spion (de)	լրտես	[lrtes]

gedetineerde (de)	բանտարկյալ	[bantarkjál]
staker (de)	գործադուլավոր	[gortsadulavór]
bureaucraat (de)	բյուրոկրատ	[bjurokrát]
reiziger (de)	ճանապարհորդ	[čanaparhórd]

| homoseksueel (de) | համասեռամոլ | [hamaseramól] |
| hacker (computerkraker) | խակեր | [xakér] |

bandiet (de)	ավազակ	[avazák]
huurmoordenaar (de)	վարձու մարդասպան	[vardzú mardaspán]
drugsverslaafde (de)	թմրամոլ	[tʰmramól]
drugshandelaar (de)	թմրավաճառ	[tʰmravačár]
prostituee (de)	պոռնիկ	[porník]
pooier (de)	կավատ	[kavát]

tovenaar (de)	կախարդ	[kaxárd]
tovenares (de)	կախարդուհի	[kaxarduhí]
piraat (de)	ծովահեն	[tsovahén]
slaaf (de)	ստրուկ	[struk]
samoerai (de)	սամուրայ	[samuráj]
wilde (de)	վայրագ	[vajrág]

Onderwijs

94. School

school (de)	դպրոց	[dprotsʰ]
schooldirecteur (de)	դպրոցի տնօրեն	[dprotsʰí tnorén]
leerling (de)	աշակերտ	[ašakért]
leerlinge (de)	աշակերտուհի	[ašakertuhí]
scholier (de)	աշակերտ	[ašakért]
scholiere (de)	դպրոցական	[dprotsʰakán]
leren (lesgeven)	դասավանդել	[dasavandél]
studeren (bijv. een taal ~)	սովորել	[sovorél]
van buiten leren	անգիր անել	[angír anél]
leren (bijv. ~ tellen)	սովորել	[sovorél]
in school zijn (schooljongen zijn)	սովորել	[sovorél]
naar school gaan	դպրոց գնալ	[dprótsʰ gnal]
alfabet (het)	այբուբեն	[ajbubén]
vak (schoolvak)	առարկա	[ararká]
klaslokaal (het)	դասարան	[dasarán]
les (de)	դաս	[das]
pauze (de)	դասամիջոց	[dasamidzótsʰ]
bel (de)	զանգ	[zang]
schooltafel (de)	դասասեղան	[dasaseġán]
schoolbord (het)	գրատախտակ	[grataχták]
cijfer (het)	թվանշան	[tʰvanšán]
goed cijfer (het)	լավ թվանշան	[lav tʰvanšán]
slecht cijfer (het)	վատ թվանշան	[vat tʰvanšán]
een cijfer geven	թվանշան նշանակել	[tʰvanšán nšanakél]
fout (de)	սխալ	[sχal]
fouten maken	սխալներ թույլ տալ	[sχalnér tʰujl tal]
corrigeren (fouten ~)	ուղղել	[uġġél]
spiekbriefje (het)	ծածկաթերթիկ	[tsatskatʰertík]
huiswerk (het)	տնային առաջադրանք	[tnajín aradzadránkʰ]
oefening (de)	վարժություն	[varʒutʰjún]
aanwezig zijn (ww)	ներկա լինել	[nerká linél]
absent zijn (ww)	բացակայել	[batsʰakaél]
bestraffen (een stout kind ~)	պատժել	[patʒél]
bestraffing (de)	պատիժ	[patíʒ]
gedrag (het)	վարք	[varkʰ]

cijferlijst (de)	որակիր	[oragír]
potlood (het)	մատիտ	[matít]
gom (de)	ռետին	[retín]
krijt (het)	կավիճ	[kavíč]
pennendoos (de)	գրչատուփ	[grčatúpʰ]
boekentas (de)	դասապայուսակ	[dasapajusák]
pen (de)	գրիչ	[grič]
schrift (de)	տետր	[tetr]
leerboek (het)	դասագիրք	[dasagírkʰ]
passer (de)	կարկին	[karkín]
technisch tekenen (ww)	գծագրել	[gtsagrél]
technische tekening (de)	գծագիր	[gtsagír]
gedicht (het)	բանաստեղծություն	[banasteǵtsutʰjún]
van buiten (bw)	անգիր	[angír]
van buiten leren	անգիր անել	[angír anél]
vakantie (de)	արձակուրդներ	[ardzakurdnér]
met vakantie zijn	արձակուրդների մեջ լինել	[ardzakurdnerí médʒ linél]
toets (schriftelijke ~)	ստուգողական աշխատանք	[stugoǵakán ašχatánkʰ]
opstel (het)	շարադրություն	[šaradrutʰjún]
dictee (het)	թելադրություն	[tʰeladrutʰjún]
examen (het)	քննություն	[kʰnnutʰjún]
examen afleggen	քննություն հանձնել	[kʰnnutʰjún handznél]
experiment (het)	փորձ	[pʰordz]

95. Hogeschool. Universiteit

academie (de)	ակադեմիա	[akadémia]
universiteit (de)	համալսարան	[hamalsarán]
faculteit (de)	ֆակուլտետ	[fakultét]
student (de)	ուսանող	[usanóǵ]
studente (de)	ուսանողուհի	[usanoǵuhí]
leraar (de)	դասախոս	[dasaχós]
collegezaal (de)	լսարան	[lsarán]
afgestudeerde (de)	շրջանավարտ	[šrdʒanavárt]
diploma (het)	դիպլոմ	[diplóm]
dissertatie (de)	դիսերտացիա	[disertátsʰia]
onderzoek (het)	հետազոտություն	[hetazotutʰjún]
laboratorium (het)	լաբորատորիա	[laboratória]
college (het)	դասախոսություն	[dasaχosutʰjún]
medestudent (de)	համակուրսեցի	[hamakursetsʰí]
studiebeurs (de)	կրթաթոշակ	[krtʰatʰošák]
academische graad (de)	գիտական աստիճան	[gitakán astičán]

96. Wetenschappen. Disciplines

wiskunde (de)	մաթեմատիկա	[mathemátika]
algebra (de)	հանրահաշիվ	[hanrahašív]
meetkunde (de)	երկրաչափություն	[erkračaphuthjún]

astronomie (de)	աստղագիտություն	[astġagituthjún]
biologie (de)	կենսաբանություն	[kensabanuthjún]
geografie (de)	աշխարհագրություն	[ašxarhagruthjún]
geologie (de)	երկրաբանություն	[erkrabanuthjún]
geschiedenis (de)	պատմություն	[patmuthjún]

geneeskunde (de)	բժշկություն	[bʒškuthjún]
pedagogiek (de)	մանկավարժություն	[mankavarʒuthjún]
rechten (mv.)	իրավունք	[iravúnkh]

fysica, natuurkunde (de)	ֆիզիկա	[fízika]
scheikunde (de)	քիմիա	[khímia]
filosofie (de)	փիլիսոփայություն	[philisopajuthjún]
psychologie (de)	հոգեբանություն	[hogebanuthjún]

97. Schrift. Spelling

grammatica (de)	քերականություն	[kherakanuthjún]
vocabulaire (het)	բառագիտություն	[baragituthjún]
fonetiek (de)	հնչյունաբանություն	[hnčjunabanuthjún]

zelfstandig naamwoord (het)	գոյական	[gojakán]
bijvoeglijk naamwoord (het)	ածական	[atsakán]
werkwoord (het)	բայ	[haj]
bijwoord (het)	մակբայ	[makbáj]

voornaamwoord (het)	դերանուն	[deranún]
tussenwerpsel (het)	ձայնարկություն	[dzajnarkuthjún]
voorzetsel (het)	նախդիր	[naxdír]

stam (de)	արմատ	[armát]
achtervoegsel (het)	վերջավորություն	[verdʒavoruthjún]
voorvoegsel (het)	նախածանց	[naxatsántsh]
lettergreep (de)	վանկ	[vank]
achtervoegsel (het)	վերջածանց	[verdʒatsántsh]

nadruk (de)	շեշտ	[šešt]
afkappingsteken (het)	ապաթարց	[apathártsh]

punt (de)	վերջակետ	[verdʒakét]
komma (de/het)	ստորակետ	[storakét]
puntkomma (de)	միջակետ	[midʒakét]
dubbelpunt (de)	բութ	[buth]
beletselteken (het)	բազմակետ	[bazmakét]

vraagteken (het)	հարցական նշան	[hartshakán nšan]
uitroepteken (het)	բացականչական նշան	[batshakančakán nšán]

aanhalingstekens (mv.)	չակերտներ	[čakertnér]
tussen aanhalingstekens (bw)	չակերտների մեջ	[čakertnerí médz]
haakjes (mv.)	փակագծեր	[pʰakagtsér]
tussen haakjes (bw)	փակագծերի մեջ	[pʰakagtserí medz]
streepje (het)	միացման գիծ	[miatsʰmán gits]
gedachtestreepje (het)	անջատման գիծ	[andzatmán gíts]
spatie	բաց	[batsʰ]
(~ tussen twee woorden)		
letter (de)	տառ	[tar]
hoofdletter (de)	մեծատառ	[metsatár]
klinker (de)	ձայնավոր	[dzajnavór]
medeklinker (de)	բաղաձայն	[baġadzájn]
zin (de)	նախադասություն	[naχadasutʰjún]
onderwerp (het)	ենթակա	[entʰaká]
gezegde (het)	ստորոգյալ	[storogjál]
regel (in een tekst)	տող	[toġ]
op een nieuwe regel (bw)	նոր տողից	[nor toġítsʰ]
alinea (de)	պարբերություն	[parberutʰjún]
woord (het)	բառ	[bar]
woordgroep (de)	բառակապակցություն	[barakapaktsʰutʰjún]
uitdrukking (de)	արտահայտություն	[artahajtutʰjún]
synoniem (het)	հոմանիշ	[homaníš]
antoniem (het)	հականիշ	[hakaníš]
regel (de)	կանոն	[kanón]
uitzondering (de)	բացառություն	[batsʰarutʰjún]
correct (bijv. ~e spelling)	ճիշտ	[čišt]
vervoeging, conjugatie (de)	խոնարհում	[χonarhúm]
verbuiging, declinatie (de)	հոլովում	[holovúm]
naamval (de)	հոլով	[holóv]
vraag (de)	հարց	[hartsʰ]
onderstrepen (ww)	ընդգծել	[əndgtsél]
stippellijn (de)	կետագիծ	[ketagíts]

98. Vreemde talen

taal (de)	լեզու	[lezú]
vreemde taal (de)	օտար լեզու	[otár lezú]
leren (bijv. van buiten ~)	ուսումնասիրել	[usumnasirél]
studeren (Nederlands ~)	սովորել	[sovorél]
lezen (ww)	կարդալ	[kardál]
spreken (ww)	խոսել	[χosél]
begrijpen (ww)	հասկանալ	[haskanál]
schrijven (ww)	գրել	[grel]
snel (bw)	արագ	[arág]
langzaam (bw)	դանդաղ	[dandáġ]

vloeiend (bw)	ազատ	[azát]
regels (mv.)	կանոն	[kanón]
grammatica (de)	քերականություն	[kʰerakanutʰjún]
vocabulaire (het)	բառագիտություն	[baragitutʰjún]
fonetiek (de)	հնչյունաբանություն	[hnčjunabanutʰjún]
leerboek (het)	դասագիրք	[dasagírkʰ]
woordenboek (het)	բառարան	[bararán]
leerboek (het) voor zelfstudie	ինքնուսույց	[inkʰnusújtsʰ]
taalgids (de)	զրուցարան	[zrutsʰarán]
cassette (de)	ձայներիզ	[dzajneríz]
videocassette (de)	տեսաերիզ	[tesaeríz]
CD (de)	խտասկավառակ	[xtaskavarák]
DVD (de)	DVD-սկավառակ	[dividí skavarák]
alfabet (het)	այբուբեն	[ajbubén]
spellen (ww)	տառերով արտասանել	[tareróv artasanél]
uitspraak (de)	արտասանություն	[artasanutʰjún]
accent (het)	ակցենտ	[aktsʰént]
met een accent (bw)	ակցենտով	[aktsʰentóv]
zonder accent (bw)	առանց ակցենտ	[arántsʰ aktsʰént]
woord (het)	բառ	[bar]
betekenis (de)	իմաստ	[imást]
cursus (de)	դասընթաց	[dasəntʰátsʰ]
zich inschrijven (ww)	գրանցվել	[grantsʰvél]
leraar (de)	ուսուցիչ	[usutsʰíč]
vertaling (een ~ maken)	թարգմանություն	[tʰargmanutʰjún]
vertaling (tekst)	թարգմանություն	[tʰargmanutʰjún]
vertaler (de)	թարգմանիչ	[tʰargmaníč]
tolk (de)	թարգմանիչ	[tʰargmaníč]
polyglot (de)	պոլիգլոտ	[poliglót]
geheugen (het)	հիշողություն	[hišoǧutʰjún]

89

Rusten. Entertainment. Reizen

99. Trip. Reizen

Nederlands	Armeens	Uitspraak
toerisme (het)	զբոսաշրջություն	[zbosašrdʒutʰjún]
toerist (de)	զբոսաշրջիկ	[zbosašrdʒík]
reis (de)	ճանապարհորդություն	[čanaparhordutʰjún]
avontuur (het)	արկած	[arkáts]
tocht (de)	ուղևորություն	[uġevorutʰjún]
vakantie (de)	արձակուրդ	[ardzakúrd]
met vakantie zijn	արձակուրդի մեջ լինել	[ardzakurdí médʒ linél]
rust (de)	հանգիստ	[hangíst]
trein (de)	գնացք	[gnatsʰkʰ]
met de trein	գնացքով	[gnatsʰkʰóv]
vliegtuig (het)	ինքնաթիռ	[inkʰnatʰír]
met het vliegtuig	ինքնաթիռով	[inkʰnatʰiróv]
met de auto	ավտոմեքենայով	[avtomekʰenajóv]
per schip (bw)	նավով	[navóv]
bagage (de)	ուղեբեռ	[uġebér]
valies (de)	ճամպրուկ	[čamprúk]
bagagekarretje (het)	սայլակ	[sajlák]
paspoort (het)	անձնագիր	[andznagír]
visum (het)	վիզա	[víza]
kaartje (het)	տոմս	[toms]
vliegticket (het)	ավիատոմս	[aviatóms]
reisgids (de)	ուղեցույց	[uġetsʰújtsʰ]
kaart (de)	քարտեզ	[kʰartéz]
gebied (landelijk ~)	տեղանք	[teġánkʰ]
plaats (de)	տեղ	[teġ]
exotische bestemming (de)	էկզոտիկա	[ēkzótika]
exotisch (bn)	էկզոտիկ	[ēkzotík]
verwonderlijk (bn)	զարմանահրաշ	[zarmanahráš]
groep (de)	խումբ	[χumb]
rondleiding (de)	էքսկուրսիա	[ēkʰskúrsia]
gids (de)	էքսկուրսավար	[ēkʰskursavár]

100. Hotel

Nederlands	Armeens	Uitspraak
hotel (het)	հյուրանոց	[hjuranótsʰ]
motel (het)	մոթել	[motʰél]
3-sterren	երեք աստղանի	[erékʰ astġaní]

5-sterren	հինգ աստղանի	[hing astģaní]
overnachten (ww)	կանգ առնել	[káng arnél]
kamer (de)	համար	[hamár]
eenpersoonskamer (de)	մեկտեղանի համար	[mekteģaní hamár]
tweepersoonskamer (de)	երկտեղանի համար	[erkteģaní hamár]
een kamer reserveren	համար ամրագրել	[hamár amragrél]
halfpension (het)	կիսագիշերօթիկ	[kisagišerotʰík]
volpension (het)	լրիվ գիշերօթիկ	[lrív gišerotʰík]
met badkamer	լոգարանով	[logaranóv]
met douche	ցնցուղով	[dušóv]
satelliet-tv (de)	արբանյակային հեռուստատեսություն	[arbanjakajín herustatesutʰjún]
airconditioner (de)	օդորակիչ	[odorakíč]
handdoek (de)	սրբիչ	[srbič]
sleutel (de)	բանալի	[banalí]
administrateur (de)	ադմինիստրատոր	[administrátor]
kamermeisje (het)	սպասավորուհի	[spasavoruhí]
piccolo (de)	բեռնակիր	[bernakír]
portier (de)	դռնապահ	[drnapáh]
restaurant (het)	ռեստորան	[restorán]
bar (de)	բար	[bar]
ontbijt (het)	նախաճաշ	[naχačáš]
avondeten (het)	ընթրիք	[əntʰríkʰ]
buffet (het)	շվեդական սեղան	[švedakán seģán]
lift (de)	վերելակ	[verelák]
NIET STOREN	ՉԱՆՀԱՆԳՍՏԱՑՆԵԼ	[čanhangstatsʰnél]
VERBODEN TE ROKEN!	ՉԾԽԵԼ	[čtsχél!]

TECHNISCHE APPARATUUR. VERVOER

Technische apparatuur

101. Computer

computer (de)	համակարգիչ	[hamakargíč]
laptop (de)	նոութբուք	[noutʰbúkʰ]
aanzetten (ww)	միացնել	[miatsʰnél]
uitzetten (ww)	անջատել	[andʒatél]
toetsenbord (het)	ստեղնաշար	[steġnašár]
toets (enter~)	ստեղն	[steġn]
muis (de)	մուկ	[muk]
muismat (de)	գորգ	[gorg]
knopje (het)	կոճակ	[kočák]
cursor (de)	սլաք	[slakʰ]
monitor (de)	մոնիտոր	[monitór]
scherm (het)	էկրան	[ēkrán]
harde schijf (de)	կոշտ սկավառակակիր	[košt skavarakakír]
volume (het) van de harde schijf	կոշտ սկավառակի ծավալը	[košt skavarakakrí tsaválə]
geheugen (het)	հիշողություն	[hišoġutʰjún]
RAM-geheugen (het)	օպերատիվ հիշողություն	[operatív hišoġutʰjún]
bestand (het)	ֆայլ	[fajl]
folder (de)	թղթապանակ	[tʰġtʰapanák]
openen (ww)	բացել	[batsʰél]
sluiten (ww)	փակել	[pʰakél]
opslaan (ww)	գրանցել	[grantsʰél]
verwijderen (wissen)	հեռացնել	[heratsʰnél]
kopiëren (ww)	պատճենել	[patčenél]
sorteren (ww)	սորտավորել	[sortavorél]
overplaatsen (ww)	արտատպել	[artatpél]
programma (het)	ծրագիր	[tsragír]
software (de)	ծրագրային ապահովում	[tsragrajín apahovúm]
programmeur (de)	ծրագրավորող	[tsragravoróġ]
programmeren (ww)	ծրագրավորել	[tsragravorél]
hacker (computerkraker)	խակեր	[xakér]
wachtwoord (het)	անցագիր	[antsʰagír]
virus (het)	վիրուս	[virús]
ontdekken (virus ~)	հայտնաբերել	[hajtnaberél]

byte (de)	բայտ	[bajt]
megabyte (de)	մեգաբայտ	[megabájt]
data (de)	տվյալներ	[tvjalnér]
databank (de)	տվյալների բազա	[tvjalnerí báza]
kabel (USB-~, enz.)	մալուխ	[malúx]
afsluiten (ww)	անջատել	[andʒatél]
aansluiten op (ww)	միացնել	[miatsʰnél]

102. Internet. E-mail

internet (het)	ինտերնետ	[internét]
browser (de)	ցանցախույզ	[tsʰantsʰaχújz]
zoekmachine (de)	որոնիչ համակարգ	[voroníč hamakárg]
internetprovider (de)	պրովայդեր	[provajdér]
webmaster (de)	վեբ-մաստեր	[veb máster]
website (de)	ինտերնետային կայք	[internetajín kajkʰ]
webpagina (de)	ինտերնետային էջ	[internetajín ēdʒ]
adres (het)	հասցե	[hastsʰé]
adresboek (het)	հասցեների գրքույկ	[hastsʰeneri grkʰújk]
postvak (het)	փոստարկղ	[pʰostárkġ]
post (de)	փոստ	[pʰost]
bericht (het)	հաղորդագրություն	[haġordagrutʰjún]
verzender (de)	ուղարկող	[uġarkóġ]
verzenden (ww)	ուղարկել	[uġarkél]
verzending (de)	ուղարկում	[uġarkúm]
ontvanger (de)	ստացող	[statsʰóġ]
ontvangen (ww)	ստանալ	[stanál]
correspondentie (de)	նամակագրություն	[namakagrutʰjún]
corresponderen (met ...)	նամակագրական կապի մեջ լինել	[namakagrakán kapí médʒ linél]
bestand (het)	ֆայլ	[fajl]
downloaden (ww)	բաշել	[kʰašél]
creëren (ww)	ստեղծել	[steġtsél]
verwijderen (een bestand ~)	հեռացնել	[heratsʰnél]
verwijderd (bn)	հեռացված	[heratsʰváts]
verbinding (de)	կապ	[kap]
snelheid (de)	արագություն	[aragutʰjún]
modem (de)	մոդեմ	[modém]
toegang (de)	մուտք	[mutkʰ]
poort (de)	մուտ	[mut]
aansluiting (de)	միացում	[miatsʰúm]
zich aansluiten (ww)	միանալ	[mianál]
selecteren (ww)	ընտրել	[əntrél]
zoeken (ww)	փնտրել	[pʰntrel]

103. Elektriciteit

elektriciteit (de)	էլեկտրականություն	[ēlektrakanutʰjún]
elektrisch (bn)	էլեկտրական	[ēlektrakán]
elektriciteitscentrale (de)	էլեկտրակայան	[ēlektrakaján]
energie (de)	էներգիա	[ēnérgia]
elektrisch vermogen (het)	էլեկտրաէներգիա	[ēlektraēnérgia]
lamp (de)	լամպ	[lamp]
zaklamp (de)	լապտեր	[laptér]
straatlantaarn (de)	լուսարձակ	[lusardzák]
licht (elektriciteit)	լույս	[lujs]
aandoen (ww)	միացնել	[miatsʰnél]
uitdoen (ww)	անջատել	[andʒatél]
het licht uitdoen	լույսը հանգցնել	[lújsə hangtsʰnél]
doorbranden (gloeilamp)	վառել	[varél]
kortsluiting (de)	կարճ միացում	[karč miatsʰúm]
onderbreking (de)	կտրվածք	[ktrvatskʰ]
contact (het)	միացում	[miatsʰúm]
schakelaar (de)	անջատիչ	[andʒatíč]
stopcontact (het)	վարդակ	[vardák]
stekker (de)	խրոց	[xrotsʰ]
verlengsnoer (de)	երկարացուցիչ	[erkaratsʰutsʰíč]
zekering (de)	ապահովիչ	[apahovíč]
kabel (de)	լար	[lar]
bedrading (de)	էլեկտրացանց	[ēlektratsʰántsʰ]
ampère (de)	ամպեր	[ampér]
stroomsterkte (de)	հոսանքի ուժը	[hosankʰí úʒə]
volt (de)	վոլտ	[volt]
spanning (de)	լարում	[larúm]
elektrisch toestel (het)	էլեկտրական սարք	[ēlektrakán sárkʰ]
indicator (de)	ինդիկատոր	[indikátor]
elektricien (de)	էլեկտրիկ	[ēlektrík]
solderen (ww)	զոդել	[zodél]
soldeerbout (de)	զոդիչ	[zodíč]
stroom (de)	հոսանք	[hosánkʰ]

104. Gereedschappen

werktuig (stuk gereedschap)	գործիք	[gortsíkʰ]
gereedschap (het)	գործիքներ	[gortsikʰnér]
uitrusting (de)	սարքավորում	[sarkʰavorúm]
hamer (de)	մուրճ	[murč]
schroevendraaier (de)	պտուտակահան	[ptutakahán]
bijl (de)	կացին	[katsʰín]

zaag (de)	սղոց	[sġotsʰ]
zagen (ww)	սղոցել	[sġotsʰél]
schaaf (de)	ռանդ	[rand]
schaven (ww)	ռանդել	[randél]
soldeerbout (de)	զոդիչ	[zodíč]
solderen (ww)	զոդել	[zodél]
vijl (de)	խարտոց	[χartótsʰ]
nijptang (de)	ունելի	[unelí]
combinatietang (de)	տափակաբերան աքցան	[tapʰakaberán akʰtsʰán]
beitel (de)	դուր	[dur]
boorkop (de)	գայլիկոն	[gajlikón]
boormachine (de)	շաղափիչ	[šaġapʰíč]
boren (ww)	գայլիկոնել	[gajlikonél]
mes (het)	դանակ	[danák]
lemmet (het)	շեղբ	[šeġb]
scherp (bijv. ~ mes)	սուր	[sur]
bot (bn)	բութ	[butʰ]
bot raken (ww)	բթանալ	[btʰanál]
slijpen (een mes ~)	սրել	[srel]
bout (de)	հեղույս	[heġújs]
moer (de)	պտուտակամեր	[ptutakamér]
schroefdraad (de)	պարուրակ	[parurák]
houtschroef (de)	պտուտամեխ	[ptutaméχ]
spijker (de)	մեխ	[meχ]
kop (de)	գլուխ	[gluχ]
liniaal (de/het)	քանոն	[kʰanón]
rolmeter (de)	չափերիզ	[čapʰeríz]
waterpas (de/het)	մակարդակ	[makardák]
loep (de)	խոշորացույց	[χošoratsʰújtsʰ]
meetinstrument (het)	չափող գործիք	[čapʰóġ gortsíkʰ]
opmeten (ww)	չափել	[čapʰél]
schaal (meetschaal)	սանդղակ	[sandġák]
gegevens (mv.)	ցուցմունք	[tsʰutsʰmúnkʰ]
compressor (de)	կոմպրեսոր	[kompresór]
microscoop (de)	մանրադիտակ	[manraditák]
pomp (de)	պոմպ	[pomp]
robot (de)	ռոբոտ	[robót]
laser (de)	լազեր	[lazér]
moersleutel (de)	մանեկադարձակ	[manekadardzák]
plakband (de)	կպչուն ժապավեն	[kpčún ʒapavén]
lijm (de)	սոսինձ	[sosíndz]
schuurpapier (het)	շուշափուղթ	[šušatʰúġtʰ]
veer (de)	զսպանակ	[zspanák]
magneet (de)	մագնիս	[magnís]

handschoenen (mv.)	ձեռնոցներ	[dzernotsʰnér]
touw (bijv. henneptouw)	պարան	[parán]
snoer (het)	արասան	[arasán]
draad (de)	լար	[lar]
kabel (de)	մալուխ	[malúx]

moker (de)	կռան	[kran]
breekijzer (het)	լինգ	[ling]
ladder (de)	աստիճան	[astičán]
trapje (inklapbaar ~)	աստիճան	[astičán]

aanschroeven (ww)	պտուտակել, ձգել	[ptutakél, dzgel]
losschroeven (ww)	էտ պտուտացնել	[et pttatsʰnél]
dichtpersen (ww)	սեղմել	[seġmél]
vastlijmen (ww)	կպցնել	[kptsʰnel]
snijden (ww)	կտրել	[ktrel]

defect (het)	անսարքություն	[ansarkʰutʰjún]
reparatie (de)	նորոգում	[norogúm]
repareren (ww)	վերանորոգել	[veranorogél]
regelen (een machine ~)	կարգավորել	[kargavorél]

checken (ww)	ստուգել	[stugél]
controle (de)	ստուգում	[stugúm]
gegevens (mv.)	ցուցմունք	[tsʰutsʰmúnkʰ]

degelijk (bijv. ~ machine)	հուսալի	[husalí]
ingewikkeld (bn)	բարդ	[bard]

roesten (ww)	ժանգոտել	[ʒangotél]
roestig (bn)	ժանգոտ	[ʒangót]
roest (de/het)	ժանգ	[ʒang]

Vervoer

105. Vliegtuig

vliegtuig (het)	ինքնաթիռ	[inkʰnatʰír]
vliegticket (het)	ավիատոմս	[aviatóms]
luchtvaartmaatschappij (de)	ավիաընկերություն	[aviaənkerutʰjún]
luchthaven (de)	օդանավակայան	[odanavakaján]
supersonisch (bn)	գերձայնային	[gerdzajnajín]

gezagvoerder (de)	օդանավի հրամանատար	[odanaví hramanatár]
bemanning (de)	անձնակազմ	[andznakázm]
piloot (de)	օդաչու	[odačú]
stewardess (de)	ուղեկցորդուհի	[uǵektsʰorduhí]
stuurman (de)	ղեկապետ	[ǵekapét]

vleugels (mv.)	թևեր	[tʰevér]
staart (de)	պոչ	[poč]
cabine (de)	խցիկ	[xtsʰik]
motor (de)	շարժիչ	[šarʒíč]
landingsgestel (het)	շասսի	[šassí]
turbine (de)	տուրբին	[turbín]

propeller (de)	պրոպելլեր	[propellér]
zwarte doos (de)	սև արկղ	[sev árkǵ]
stuur (het)	ղեկանիվ	[ǵekanív]
brandstof (de)	վառելիք	[varelíkʰ]

veiligheidskaart (de)	ձեռնարկ	[dzernárk]
zuurstofmasker (het)	թթվածնային դիմակ	[tʰtʰvatsnajín dimák]
uniform (het)	համազգեստ	[hamazgést]

reddingsvest (de)	փրկագոտի	[pʰrkagotí]
parachute (de)	պարաշյուտ	[parašjút]

opstijgen (het)	թռիչք	[tʰričkʰ]
opstijgen (ww)	թռնել	[tʰrnel]
startbaan (de)	թռիչքուղի	[tʰričkʰuǵí]

zicht (het)	տեսանելիություն	[tesaneliutʰjún]
vlucht (de)	թռիչք	[tʰričkʰ]

hoogte (de)	բարձրություն	[bardzrutʰjún]
luchtzak (de)	օդային փոս	[odajín pʰós]

plaats (de)	տեղ	[teǵ]
koptelefoon (de)	ականջակալներ	[akandʒakalnér]
tafeltje (het)	բացվող սեղանիկ	[batsʰvóǵ seǵaník]
venster (het)	իլյումինատոր	[iljuminátor]
gangpad (het)	անցուղի	[antsʰuǵí]

97

106. Trein

trein (de)	գնացք	[gnatsʰkʰ]
elektrische trein (de)	էլեկտրագնացք	[ēlektragnátsʰkʰ]
sneltrein (de)	արագընթաց գնացք	[aragentʰátsʰ gnátsʰkʰ]
diesellocomotief (de)	ջերմաքարշ	[dʒermakʰárš]
stoomlocomotief (de)	շոգեքարշ	[šokekʰárš]
rijtuig (het)	վագոն	[vagón]
restauratierijtuig (het)	վագոն-ռեստորան	[vagón restorán]
rails (mv.)	գծեր	[gtser]
spoorweg (de)	երկաթգիծ	[erkatʰgíts]
dwarsligger (de)	կոճ	[koč]
perron (het)	կառամատույց	[karamatújtsʰ]
spoor (het)	ուղի	[uǵí]
semafoor (de)	նշանասյուն	[nšanasjún]
halte (bijv. kleine treinhalte)	կայարան	[kajarán]
machinist (de)	մեքենավար	[mekʰenavár]
kruier (de)	բեռնակիր	[bernakír]
conducteur (de)	ուղեկից	[uǵekítsʰ]
passagier (de)	ուղևոր	[uǵevór]
controleur (de)	հսկիչ	[hskič]
gang (in een trein)	միջանցք	[midʒántsʰkʰ]
noodrem (de)	ավտոմատ կանգառման սարք	[avtomát kangarmán sárkʰ]
coupé (de)	կուպե	[kupé]
bed (slaapplaats)	մահճակ	[mahčák]
bovenste bed (het)	վերևի մահճակատեղ	[vereví mahčakatéǵ]
onderste bed (het)	ներքևի մահճակատեղ	[nerkʰeví mahčakatéǵ]
beddengoed (het)	անկողին	[ankoǵín]
kaartje (het)	տոմս	[toms]
dienstregeling (de)	չվացուցակ	[čvatsʰutsʰák]
informatiebord (het)	ցուցատախտակ	[tsʰutsʰataχták]
vertrekken (De trein vertrekt ...)	մեկնել	[meknél]
vertrek (ov. een trein)	մեկնում	[meknúm]
aankomen (ov. de treinen)	ժամանել	[ʒamanél]
aankomst (de)	ժամանում	[ʒamanúm]
aankomen per trein	ժամանել գնացքով	[ʒamanél gnatsʰkʰóv]
in de trein stappen	գնացք նստել	[gnátsʰkʰ nstel]
uit de trein stappen	գնացքից իջնել	[gnatsʰkʰítsʰ idʒnél]
treinwrak (het)	խորտակում	[χortakúm]
stoomlocomotief (de)	շոգեքարշ	[šokekʰárš]
stoker (de)	հնոցապան	[hnotsʰapán]
stookplaats (de)	վառարան	[vararán]
steenkool (de)	ածուխ	[atsúχ]

107. Schip

schip (het)	նավ	[nav]
vaartuig (het)	նավ	[nav]
stoomboot (de)	շոգենավ	[šogenáv]
motorschip (het)	շերմանավ	[dʒermanáv]
lijnschip (het)	լայներ	[lájner]
kruiser (de)	հածանավ	[hatsanáv]
jacht (het)	զբոսանավ	[zbosanáv]
sleepboot (de)	նավաքարշ	[navakʰárš]
duwbak (de)	բեռնանավ	[bernanáv]
ferryboot (de)	լաստանավ	[lastanáv]
zeilboot (de)	առագաստանավ	[aragastanáv]
brigantijn (de)	բրիգանտինեա	[brigantína]
ijsbreker (de)	սառցահատ	[sartsʰapát]
duikboot (de)	սուզանավ	[suzanáv]
boot (de)	նավակ	[navák]
sloep (de)	մակույկ	[makújk]
reddingssloep (de)	փրկարարական մակույկ	[pʰrkararakán makújk]
motorboot (de)	մոտորանավակ	[motoranavák]
kapitein (de)	նավապետ	[navapét]
zeeman (de)	նավաստի	[navastí]
matroos (de)	ծովային	[tsovajín]
bemanning (de)	անձնակազմ	[andznakázm]
bootsman (de)	բոցման	[botsʰmán]
scheepsjongen (de)	նավի փոքրավոր	[naví pʰokʰravór]
kok (de)	նավի խոհարար	[naví xoharár]
scheepsarts (de)	նավի բժիշկ	[naví bʒíšk]
dek (het)	տախտակամած	[taχtakamáts]
mast (de)	կայմ	[kajm]
zeil (het)	առագաստ	[aragást]
ruim (het)	նավամբար	[navambár]
voorsteven (de)	նավաքիթ	[navakʰítʰ]
achtersteven (de)	նավախել	[navaχél]
roeispaan (de)	թիակ	[tʰiak]
schroef (de)	պտուտակ	[pturák]
kajuit (de)	նավասենյակ	[navasenják]
officierskamer (de)	ընդհանուր նավասենյակ	[əndhanúr navasenják]
machinekamer (de)	մեքենաների բաժանմունք	[mekenanerí baʒanmúnkʰ]
brug (de)	նավապետի կամրջակ	[navapetí kamrdʒák]
radiokamer (de)	ռադիոխցիկ	[radioχtsʰík]
radiogolf (de)	ալիք	[alíkʰ]
logboek (het)	նավամատյան	[navamatján]
verrekijker (de)	հեռադիտակ	[heraditák]
klok (de)	զանգ	[zang]

Nederlands	Armeens	Uitspraak
vlag (de)	դրոշ	[droš]
kabel (de)	ճոպան	[čopán]
knoop (de)	հանգույց	[hangújtsʰ]
leuning (de)	բռնածը	[brnadzóǵ]
trap (de)	նավասանդուղք	[navasandúgkʰ]
anker (het)	խարիսխ	[xarísx]
het anker lichten	խարիսխը բարձրացնել	[xarísxə bardzratsʰnél]
het anker neerlaten	խարիսխը գցել	[xarísxə gtsʰél]
ankerketting (de)	խարսխաշղթա	[xarsxašǵtʰá]
haven (bijv. containerhaven)	նավահանգիստ	[navahangíst]
kaai (de)	նավամատույց	[navamatújtsʰ]
aanleggen (ww)	կառանել	[karanél]
wegvaren (ww)	մեկնել	[meknél]
reis (de)	ճանապարհորդություն	[čanaparhordutʰjún]
cruise (de)	ծովագնացություն	[tsovagnatsʰutʰjún]
koers (de)	ուղղություն	[uġutʰjún]
route (de)	երթուղի	[ertʰuǵí]
vaarwater (het)	նավարկուղի	[navarkuǵí]
zandbank (de)	ծանծաղուտ	[tsantsaġút]
stranden (ww)	ծանծաղուտ ընկնել	[tsantsaġút ənknél]
storm (de)	փոթորիկ	[pʰotʰorík]
signaal (het)	ազդանշան	[azdanšán]
zinken (ov. een boot)	խորտակվել	[xortakvél]
SOS (noodsignaal)	SOS	[sos]
reddingsboei (de)	փրկագոտի	[pʰrkagotí]

108. Vliegveld

Nederlands	Armeens	Uitspraak
luchthaven (de)	օդանավակայան	[odanavakaján]
vliegtuig (het)	ինքնաթիռ	[inkʰnatʰír]
luchtvaartmaatschappij (de)	ավիաընկերություն	[aviaənkerutʰjún]
luchtverkeersleider (de)	դիսպետչեր	[dispetčér]
vertrek (het)	թռիչք	[tʰričkʰ]
aankomst (de)	ժամանում	[ʒamanúm]
aankomen (per vliegtuig)	ժամանել	[ʒamanél]
vertrektijd (de)	թռիչքի ժամանակը	[tʰričkʰí ʒamanákə]
aankomstuur (het)	ժամանման ժամանակը	[ʒamanmán ʒamanákə]
vertraagd zijn (ww)	ուշանալ	[ušanál]
vluchtvertraging (de)	թռիչքի ուշացում	[tʰričkʰí ušatsʰúm]
informatiebord (het)	տեղեկատվական վահանակ	[teġekatvakán vahanák]
informatie (de)	տեղեկատվություն	[teġekatvutʰjún]
aankondigen (ww)	հայտարարել	[hajtararél]
vlucht (bijv. KLM ~)	ռեյս	[rejs]
douane (de)	մաքսատուն	[makʰsatún]

T&P Books. Thematische woordenschat Nederlands-Armeens - 5000 woorden

douanier (de)	մաքսավոր	[makʰsavór]
douaneaangifte (de)	հայտարարագիր	[hajtararagír]
een douaneaangifte invullen	հայտարարագիր լրացնել	[hajtararagír lratsʰnél]
paspoortcontrole (de)	անձնագրային ստուգում	[andznagrajín stugúm]

bagage (de)	ուղեբեռ	[uġebér]
handbagage (de)	ձեռքի ուղեբեռ	[dzerkʰí uġebér]
bagagekarretje (het)	սայլակ	[sajlák]

landing (de)	վայրէջք	[vajrēdʒkʰ]
landingsbaan (de)	վայրէջքի ուղի	[vajrēdʒkʰí uġí]
landen (ww)	վայրէջք կատարել	[vajrēdʒkʰ katarél]
vliegtuigtrap (de)	օդանավասանդուղք	[odanavasandúġkʰ]

inchecken (het)	գրանցում	[grantsʰúm]
incheckbalie (de)	գրանցասեղան	[grantsʰaseġán]
inchecken (ww)	գրանցվել	[grantsʰvél]
instapkaart (de)	տեղակտրոն	[teġaktrón]
gate (de)	ելք	[elkʰ]

transit (de)	տարանցիկ չվերթ	[tarantsʰík čvertʰ]
wachten (ww)	սպասել	[spasél]
wachtzaal (de)	սպասասրահ	[spasasráh]
begeleiden (uitwuiven)	ճանապարհել	[čanaparhél]
afscheid nemen (ww)	հրաժեշտ տալ	[hraʒéšt tál]

101

Gebeurtenissen in het leven

109. Vakanties. Evenement

Nederlands	Armeens	Uitspraak
feest (het)	տոն	[ton]
nationale feestdag (de)	ազգային տոն	[azgajín tón]
feestdag (de)	տոնական օր	[tonakán or]
herdenken (ww)	տոնել	[tonél]
gebeurtenis (de)	դեպք	[depkʰ]
evenement (het)	միջոցառում	[midʒotsʰarúm]
banket (het)	ճաշկերույթ	[čaškerújtʰ]
receptie (de)	ընդունելություն	[əndunelutʰjún]
feestmaal (het)	խնջույք	[χndʒujkʰ]
verjaardag (de)	տարեդարձ	[taredárdz]
jubileum (het)	հոբելյան	[hobelján]
vieren (ww)	նշել	[nšel]
Nieuwjaar (het)	Ամանոր	[amanór]
Gelukkig Nieuwjaar!	Շնորհավոր Ամանոր	[šnorhavór amanór]
Kerstfeest (het)	Սուրբ ծնունդ	[surb tsnund]
Vrolijk kerstfeest!	Ուրախ Սուրբ ծնունդ	[uráχ súrb tsnúnd]
kerstboom (de)	տոնածառ	[tonatsár]
vuurwerk (het)	հրավառություն	[hravarutʰjún]
bruiloft (de)	հարսանիք	[harsaníkʰ]
bruidegom (de)	փեսացու	[pʰesatsʰú]
bruid (de)	հարսնացու	[harsnatsʰú]
uitnodigen (ww)	հրավիրել	[hravirél]
uitnodigingskaart (de)	հրավիրատոմս	[hraviratóms]
gast (de)	հյուր	[hjur]
op bezoek gaan	հյուր գնալ	[hjur gnal]
gasten verwelkomen	հյուրերին դիմավորել	[hjurerín dimavorél]
geschenk, cadeau (het)	նվեր	[nver]
geven (iets cadeau ~)	նվիրել	[nvirél]
geschenken ontvangen	նվերներ ստանալ	[nvernér stanál]
boeket (het)	ծաղկեփունջ	[tsaġkepʰúndʒ]
felicitaties (mv.)	շնորհավորանք	[šnorhavoránkʰ]
feliciteren (ww)	շնորհավորել	[šnorhavorél]
wenskaart (de)	շնորհավորական բացիկ	[šnorhavorakán batsʰík]
een kaartje versturen	բացիկ ուղարկել	[batsʰík uġarkél]
een kaartje ontvangen	բացիկ ստանալ	[batsʰík stanál]
toast (de)	կենաց	[kenátsʰ]

| aanbieden (een drankje ~) | հյուրասիրել | [hjurasirél] |
| champagne (de) | շամպայն | [šampájn] |

plezier hebben (ww)	զվարճանալ	[zvarčanál]
plezier (het)	զվարճանք	[zvarčánkʰ]
vreugde (de)	ուրախություն	[uraxutʰjún]

| dans (de) | պար | [par] |
| dansen (ww) | պարել | [parél] |

| wals (de) | վալս | [vals] |
| tango (de) | տանգո | [tángo] |

110. Begrafenissen. Begrafenis

kerkhof (het)	գերեզմանոց	[gerezmanótsʰ]
graf (het)	գերեզման	[gerezmán]
kruis (het)	խաչ	[xač]
grafsteen (de)	տապանաքար	[tapanakʰár]
omheining (de)	ցանկապատ	[tsʰankapát]
kapel (de)	մատուռ	[matúr]

dood (de)	մահ	[mah]
sterven (ww)	մահանալ	[mahanál]
overledene (de)	հանգուցյալ	[hangutsʰjál]
rouw (de)	սուգ	[sug]

begraven (ww)	թաղել	[tʰagél]
begrafenisonderneming (de)	թաղման բյուրո	[tʰagmán bjuró]
begrafenis (de)	թաղման արարողություն	[tʰagmán ararogutʰjún]

krans (de)	պսակ	[psak]
doodskist (de)	դագաղ	[dagág]
lijkwagen (de)	դիակառք	[diakárkʰ]
lijkkleed (de)	սավան	[saván]

| urn (de) | աճյունասափոր | [ačjunasapʰór] |
| crematorium (het) | դիակիզարան | [diakizarán] |

overlijdensbericht (het)	մահախոսական	[mahaxosakán]
huilen (wenen)	լացել	[latsʰél]
snikken (huilen)	ողբալ	[vogbál]

111. Oorlog. Soldaten

peloton (het)	դասակ	[dasák]
compagnie (de)	վաշտ	[vašt]
regiment (het)	գունդ	[gund]
leger (armee)	բանակ	[banák]
divisie (de)	դիվիզիա	[divízia]
sectie (de)	ջոկատ	[dʒokát]
troep (de)	զորք	[zorkʰ]

| soldaat (militair) | զինվոր | [zinvór] |
| officier (de) | սպա | [spa] |

soldaat (rang)	շարքային	[šarkʰajín]
sergeant (de)	սերժանտ	[serʒánt]
luitenant (de)	լեյտենանտ	[lejtenánt]
kapitein (de)	կապիտան	[kapitán]
majoor (de)	մայոր	[majór]
kolonel (de)	գնդապետ	[gndapét]
generaal (de)	գեներալ	[generál]

matroos (de)	ծովային	[tsovajín]
kapitein (de)	կապիտան	[kapitán]
bootsman (de)	բոցման	[botsʰmán]

artillerist (de)	հրետանավոր	[hretanavór]
valschermjager (de)	դեսանտային	[desantajín]
piloot (de)	օդաչու	[odačú]
stuurman (de)	ղեկապետ	[ġekapét]
mecanicien (de)	մեխանիկ	[meχaník]

sappeur (de)	սակրավոր	[sakravór]
parachutist (de)	պարաշյուտիստ	[parašjutíst]
verkenner (de)	հետախույզ	[hetaχújz]
scherpschutter (de)	սնայպեր	[snájper]

patrouille (de)	պարեկ	[parék]
patrouilleren (ww)	պարեկել	[parekél]
wacht (de)	ժամապահ	[ʒamapáh]

krijger (de)	ռազմիկ	[razmík]
patriot (de)	հայրենասեր	[hajrenasér]
held (de)	հերոս	[herós]
heldin (de)	հերոսուհի	[herosuhí]

verrader (de)	դավաճան	[davačán]
deserteur (de)	դասալիք	[dasalíkʰ]
deserteren (ww)	դասալքել	[dasalkʰél]

huurling (de)	վարձկան	[vardzkán]
rekruut (de)	նորակոչիկ	[norakočík]
vrijwilliger (de)	կամավոր	[kamavór]

gedode (de)	սպանված	[spanvátsə]
gewonde (de)	վիրավոր	[viravór]
krijgsgevangene (de)	գերի	[gerí]

112. Oorlog. Militaire acties. Deel 1

oorlog (de)	պատերազմ	[paterázm]
oorlog voeren (ww)	պատերազմել	[paterazmél]
burgeroorlog (de)	քաղաքացիական պատերազմ	[kʰaġakatsʰiakán paterázm]
achterbaks (bw)	նենգորեն	[nengorén]

oorlogsverklaring (de)	հայտարարում	[hajtararúm]
verklaren (de oorlog ~)	հայտարարել	[hajtararél]
agressie (de)	ագրեսիա	[agrésia]
aanvallen (binnenvallen)	հարձակվել	[hardzakvél]
binnenvallen (ww)	զավթել	[zavtʰél]
invaller (de)	զավթիչ	[zavtʰíč]
veroveraar (de)	նվաճող	[nvačóġ]
verdediging (de)	պաշտպանություն	[paštpanutʰjún]
verdedigen (je land ~)	պաշտպանել	[paštpanél]
zich verdedigen (ww)	պաշտպանվել	[paštpanvél]
vijand (de)	թշնամի	[tʰšnamí]
tegenstander (de)	հակառակորդ	[hakarakórd]
vijandelijk (bn)	թշնամական	[tʰšnamakán]
strategie (de)	ռազմավարություն	[razmavarutʰjún]
tactiek (de)	մարտավարություն	[martavarutʰjún]
order (de)	հրաման	[hramán]
bevel (het)	հրաման	[hramán]
bevelen (ww)	հրամայել	[hramajél]
opdracht (de)	առաջադրանք	[aradʒadránkʰ]
geheim (bn)	գաղտնի	[gaġtní]
slag (de)	ճակատամարտ	[čakatamárt]
strijd (de)	մարտ	[mart]
aanval (de)	հարձակում	[hardzakúm]
bestorming (de)	գրոհ	[groh]
bestormen (ww)	գրոհել	[grohél]
bezetting (de)	պաշարում	[pašarúm]
aanval (de)	հարձակում	[hardzakúm]
in het offensief te gaan	հարձակվել	[hardzakvél]
terugtrekking (de)	նահանջ	[nahándʒ]
zich terugtrekken (ww)	նահանջել	[nahandʒél]
omsingeling (de)	շրջապատում	[šrdʒapatúm]
omsingelen (ww)	շրջապատել	[šrdʒapatél]
bombardement (het)	ռմբակոծություն	[rmbakotsutʰjún]
een bom gooien	ռումբ նետել	[rúmb netél]
bombarderen (ww)	ռմբակոծել	[rmbakotsél]
ontploffing (de)	պայթյուն	[pajtʰjún]
schot (het)	կրակոց	[krakótsʰ]
een schot lossen	կրակել	[krakél]
schieten (het)	հրաձգություն	[hradzgutʰjún]
mikken op (ww)	նշան բռնել	[nšán brnel]
aanleggen (een wapen ~)	ուղղել	[uġġél]
treffen (doelwit ~)	դիպչել	[dipčél]
zinken (tot zinken brengen)	խորտակել	[xortakél]

Nederlands	Armeens	Transcriptie
kogelgat (het)	ծերպվածք	[čeġkvátskʰ]
zinken (gezonken zijn)	ընդհատակ գնալ	[əndhaták gnal]
front (het)	ճակատ	[čakát]
evacuatie (de)	էվակուացիա	[ēvakuátsʰia]
evacueren (ww)	էվակուացնել	[ēvakuatsʰnél]
loopgraaf (de)	խրամատ	[xramát]
prikkeldraad (de)	փշալար	[pʰšalár]
verdedigingsobstakel (het)	փակոց	[pʰakótsʰ]
wachttoren (de)	աշտարակ	[aštarák]
hospitaal (het)	գոսպիտալ	[gospitál]
verwonden (ww)	վիրավորել	[viravorél]
wond (de)	վերք	[verkʰ]
gewonde (de)	վիրավոր	[viravór]
gewond raken (ww)	վիրավորվել	[viravorvél]
ernstig (~e wond)	ծանր	[tsanr]

113. Oorlog. Militaire acties. Deel 2

Nederlands	Armeens	Transcriptie
krijgsgevangenschap (de)	գերություն	[gerutʰjún]
krijgsgevangen nemen	գերի վերցնել	[gerí vertsʰnél]
krijgsgevangene zijn	գերի լինել	[gerí linél]
krijgsgevangen genomen worden	գերի ընկնել	[gerí ənknél]
concentratiekamp (het)	համակենտրոնացման ճամբար	[hamakentronatsʰmán čambár]
krijgsgevangene (de)	գերի	[gerí]
vluchten (ww)	փախչել	[pʰaxčél]
verraden (ww)	դավաճանել	[davačanél]
verrader (de)	դավաճան	[davačán]
verraad (het)	դավաճանություն	[davačanutʰjún]
fusilleren (executeren)	գնդակահարել	[gndakaharél]
executie (de)	գնդակահարություն	[gndakaharutʰjún]
uitrusting (de)	հանդերձանք	[handerdzánkʰ]
schouderstuk (het)	ուսադիր	[usadír]
gasmasker (het)	հակագազ	[hakagáz]
portofoon (de)	ռադիոկայան	[radiokaján]
geheime code (de)	գաղտնագիր	[gaġtnagír]
samenzwering (de)	կոնսպիրացիա	[konspirátsʰia]
wachtwoord (het)	նշանաբառ	[nšanabár]
mijn (landmijn)	ական	[akán]
ondermijnen (legden mijnen)	ականապատել	[akanapatél]
mijnenveld (het)	ականային դաշտ	[akanajín dášt]
luchtalarm (het)	օդային տագնապ	[odajín tagnáp]
alarm (het)	տագնապ	[tagnáp]

signaal (het)	ազդանշան	[azdanšán]
vuurpijl (de)	ազդանշանային հրթիռ	[azdanšanajín hrtʰir]
staf (generale ~)	շտաբ	[štab]
verkenning (de)	հետախուզություն	[hetaχuzutʰjún]
toestand (de)	իրադրություն	[iradrutʰjún]
rapport (het)	զեկուցագիր	[zekutsʰagír]
hinderlaag (de)	դարան	[darán]
versterking (de)	օգնություն	[ognutʰjún]
doel (bewegend ~)	նշանակետ	[nšanakét]
proefterrein (het)	հրաձգարան	[hradzgarán]
manoeuvres (mv.)	զորավարժություններ	[zoravarʒutʰjunnér]
paniek (de)	խուճապ	[χučáp]
verwoesting (de)	ավերումնք	[avermúnkʰ]
verwoestingen (mv.)	ավիրածություններ	[avirvatsutʰjunnér]
verwoesten (ww)	ավիրել	[avirél]
overleven (ww)	կենդանի մնալ	[kendaní mnal]
ontwapenen (ww)	զինաթափել	[zinatʰapʰél]
behandelen (een pistool ~)	վարվել	[varvél]
Geeft acht!	Զգուշ ստ	[zgast!]
Op de plaats rust!	Ազատ ստ	[azát!]
heldendaad (de)	հերոսագործություն	[herosagortsutʰjún]
eed (de)	երդում	[erdúm]
zweren (een eed doen)	երդվել	[erdvél]
decoratie (de)	պարգևանշան	[pargevanšán]
onderscheiden (een ereteken geven)	պարգևատրել	[pargevatrél]
medaille (de)	մեդալ	[medál]
orde (de)	շքանշան	[škʰanšán]
overwinning (de)	հաղթանակ	[haġtʰanák]
verlies (het)	պարտություն	[partutʰjún]
wapenstilstand (de)	զինադադար	[zinadadár]
wimpel (vaandel)	դրոշ	[droš]
roem (de)	փառք	[pʰarkʰ]
parade (de)	զորահանդես	[zorahandés]
marcheren (ww)	երթաքայլել	[ertʰakʰajlél]

114. Wapens

wapens (mv.)	զենք	[zenkʰ]
vuurwapens (mv.)	հրազեն	[hrazén]
koude wapens (mv.)	սառը զենք	[sárə zenkʰ]
chemische wapens (mv.)	քիմիական զենք	[kimiakán zénkʰ]
kern-, nucleair (bn)	միջուկային	[miʒukajín]
kernwapens (mv.)	միջուկային զենք	[miʒukajín zénkʰ]

bom (de)	ռումբ	[rumb]
atoombom (de)	ատոմային ռումբ	[atomajín rúmb]
pistool (het)	ատրճանակ	[atrčanák]
geweer (het)	հրացան	[hratsʰán]
machinepistool (het)	ավտոմատ	[avtomát]
machinegeweer (het)	գնդացիր	[gndatsʰír]
loop (schietbuis)	փողաբերան	[pʰoġaberán]
loop (bijv. geweer met kortere ~)	փող	[pʰoġ]
kaliber (het)	տրամաչափ	[tramačápʰ]
trekker (de)	հրահան	[hrahán]
korrel (de)	նշան	[nšan]
magazijn (het)	պահեստատուփ	[pahestatúpʰ]
geweerkolf (de)	կոթ	[kotʰ]
granaat (handgranaat)	նռնակ	[nrnak]
explosieven (mv.)	պայթուցիկ	[pajtʰutsʰík]
kogel (de)	գնդակ	[gndak]
patroon (de)	փամփուշտ	[pʰampúšt]
lading (de)	լից	[litsʰ]
ammunitie (de)	զինամթերք	[zinamtʰérkʰ]
bommenwerper (de)	ռմբակոծիչ	[rmbakotsíč]
straaljager (de)	կործանիչ	[kortsaníč]
helikopter (de)	ուղղաթիռ	[uġatʰír]
afweergeschut (het)	զենիթային թնդանոթ	[zenitʰajín tʰndanótʰ]
tank (de)	տանկ	[tank]
kanon (tank met een ~ van 76 mm)	թնդանոթ	[tʰndanótʰ]
artillerie (de)	հրետանի	[hretaní]
aanleggen (een wapen ~)	ուղղել	[uġġél]
projectiel (het)	արկ	[ark]
mortiergranaat (de)	ական	[akán]
mortier (de)	ականանետ	[akananét]
granaatscherf (de)	բեկոր	[bekór]
duikboot (de)	սուզանավ	[suzanáv]
torpedo (de)	տորպեդ	[torpéd]
raket (de)	հրթիռ	[hrtʰir]
laden (geweer, kanon)	լցնել	[ltsʰnel]
schieten (ww)	կրակել	[krakél]
richten op (mikken)	նշան բռնել	[nšán brnel]
bajonet (de)	սվին	[svin]
degen (de)	սուսեր	[susér]
sabel (de)	սուր	[sur]
speer (de)	նիզակ	[nizák]
boog (de)	աղեղ	[aġéġ]

pijl (de)	նետ	[net]
musket (de)	մուշկետ	[muškét]
kruisboog (de)	աղեղնազեն	[aġeġnazén]

115. Oude mensen

primitief (bn)	նախնադարյան	[naχnadarján]
voorhistorisch (bn)	նախապատմական	[naχapatmakán]
eeuwenoude (~ beschaving)	հին	[hin]
Steentijd (de)	քարե դար	[kʰaré dár]
Bronstijd (de)	բրոնզե դար	[bronzé dár]
IJstijd (de)	սառցե դարաշրջան	[sartsʰé darašrdzán]
stam (de)	ցեղ	[tsʰeġ]
menseneter (de)	մարդակեր	[mardakér]
jager (de)	որսորդ	[vorsórd]
jagen (ww)	որս անել	[vors anél]
mammoet (de)	մամոնտ	[mamónt]
grot (de)	քարանձավ	[kʰarandzáv]
vuur (het)	կրակ	[krak]
kampvuur (het)	խարույկ	[χarújk]
rotstekening (de)	ժայռանկար	[ʒajrapatkér]
werkinstrument (het)	աշխատանքի գործիք	[ašχatankí gortsíkʰ]
speer (de)	նիզակ	[nizák]
stenen bijl (de)	քարե կացին	[kʰaré katsʰín]
oorlog voeren (ww)	պատերազմել	[paterazmél]
temmen (bijv. wolf ~)	ընտելացնել	[əntelatsʰnél]
idool (het)	կուռք	[kurkʰ]
aanbidden (ww)	պաշտել	[paštél]
bijgeloof (het)	սնապաշտություն	[snapaštutʰjún]
evolutie (de)	էվոլյուցիա	[ēvoljútsʰia]
ontwikkeling (de)	զարգացում	[zargatsʰúm]
verdwijning (de)	անհետացում	[anhetatsʰúm]
zich aanpassen (ww)	ընտելանալ	[əntelanál]
archeologie (de)	հնէաբանություն	[hnēabanutʰjún]
archeoloog (de)	հնագետ	[hnagét]
archeologisch (bn)	հնէաբանական	[hnēabanakán]
opgravingsplaats (de)	պեղումներ	[peġumnér]
opgravingen (mv.)	պեղումներ	[peġumnér]
vondst (de)	գտածո	[gtatsó]
fragment (het)	բեկոր	[bekór]

116. Middeleeuwen

volk (het)	ժողովուրդ	[ʒoġovúrd]
volkeren (mv.)	ժողովուրդներ	[ʒoġovurdnér]

| stam (de) | գեդ | [tsʰeġ] |
| stammen (mv.) | գեդեր | [tsʰeġér] |

barbaren (mv.)	բարբարոսներ	[barbarosnér]
Galliërs (mv.)	գալլեր	[gallér]
Goten (mv.)	գոտեր	[gotér]
Slaven (mv.)	սլավոններ	[slavonnér]
Vikings (mv.)	վիկինգներ	[vikingnér]

| Romeinen (mv.) | հռոմեացիներ | [hromeatsʰinér] |
| Romeins (bn) | հռոմեական | [hromeakán] |

Byzantijnen (mv.)	բաբելոնացիներ	[babelonatsʰinér]
Byzantium (het)	Բաբելոն	[babelón]
Byzantijns (bn)	բաբելոնյան	[babelonakán]

keizer (bijv. Romeinse ~)	կայսր	[kajsr]
opperhoofd (het)	առաջնորդ	[aradʒnórd]
machtig (bn)	հզոր	[hzor]
koning (de)	թագավոր	[tʰagavór]
heerser (de)	դեկավար	[ġekavár]

ridder (de)	ասպետ	[aspét]
feodaal (de)	ավատատեր	[avatatér]
feodaal (bn)	ավատատիրական	[avatatirakán]
vazal (de)	վասալ	[vassál]

hertog (de)	դուքս	[dukʰs]
graaf (de)	կոմս	[koms]
baron (de)	բարոն	[barón]
bisschop (de)	եպիսկոպոս	[episkopós]

harnas (het)	զենք ու զրահ	[zenkʰ u zrah]
schild (het)	վահան	[vahán]
zwaard (het)	թուր	[tʰur]
vizier (het)	երեսկալ	[ereskál]
maliënkolder (de)	օղազրահ	[oġazráh]

| kruistocht (de) | խաչակրաց արշավանք | [χačakrátsʰ aršavánkʰ] |
| kruisvaarder (de) | խաչակիր | [χačakír] |

gebied (bijv. bezette ~en)	տարածք	[tarátskʰ]
aanvallen (binnenvallen)	հարձակվել	[hardzakvél]
veroveren (ww)	գրավել	[gravél]
innemen (binnenvallen)	զավթել	[zavtʰél]

bezetting (de)	պաշարում	[pašarúm]
belegerd (bn)	պաշարված	[pašarváts]
belegeren (ww)	պաշարել	[pašarél]

inquisitie (de)	հավատաքննություն	[havatakʰnnutʰjún]
inquisiteur (de)	հավատաքննիչ	[havatakʰnníč]
foltering (de)	խոշտանգում	[χoštangúm]
wreed (bn)	դաժան	[daʒán]
ketter (de)	հերետիկոս	[heretikós]
ketterij (de)	հերետիկոսություն	[heretikutʰjún]

zeevaart (de)	ծովագնացություն	[tsovagnatsʰutʰjún]
piraat (de)	ծովահեն	[tsovahén]
piraterij (de)	ծովահենություն	[tsovahenutʰjún]
enteren (het)	նավազերծում	[navagzerúm]
buit (de)	որս	[vors]
schatten (mv.)	գանձեր	[gandzér]
ontdekking (de)	հայտնագործություն	[hajtnagortsutʰjún]
ontdekken (bijv. nieuw land)	հայտնագործել	[hajtnagortsél]
expeditie (de)	արշավ	[aršáv]
musketier (de)	հրացանակիր	[hratsʰanakír]
kardinaal (de)	կարդինալ	[kardinál]
heraldiek (de)	զինանիշագիտություն	[zinanišagitutʰjún]
heraldisch (bn)	զինանիշագիտական	[zinanišagitakán]

117. Leider. Baas. Autoriteiten

koning (de)	թագավոր	[tʰagavór]
koningin (de)	թագուհի	[tʰaguhí]
koninklijk (bn)	թագավորական	[tʰagavorakán]
koninkrijk (het)	թագավորություն	[tʰagavorutʰjún]
prins (de)	արքայազն	[arkʰajázn]
prinses (de)	արքայադուստր	[arkʰajadústr]
president (de)	նախագահ	[naχagáh]
vicepresident (de)	փոխնախագահ	[pʰoχnaχagáh]
senator (de)	սենատոր	[senatór]
monarch (de)	միապետ	[marzpét]
heerser (de)	ղեկավար	[ġekavár]
dictator (de)	դիկտատոր	[diktatór]
tiran (de)	բռնապետ	[brnapét]
magnaat (de)	մագնատ	[magnát]
directeur (de)	տնօրեն	[tnorén]
chef (de)	շեֆ	[šef]
beheerder (de)	կառավարիչ	[karavaríč]
baas (de)	պետ	[pet]
eigenaar (de)	տեր	[ter]
hoofd (bijv. ~ van de delegatie)	գլուխ	[gluχ]
autoriteiten (mv.)	իշխանություններ	[išχanutʰjunnér]
superieuren (mv.)	ղեկավարություն	[ġekavarutʰjún]
gouverneur (de)	գուբեռնատոր	[gubernátor]
consul (de)	հյուպատոս	[hjupatós]
diplomaat (de)	դիվանագետ	[divanagét]
burgemeester (de)	քաղաքապետ	[kʰaġakapét]
sheriff (de)	ոստիկանապետ	[vostikanapét]
keizer (bijv. Romeinse ~)	կայսր	[kajsr]
tsaar (de)	թագավոր	[tʰagavór]

| farao (de) | փարավոն | [pʰaravón] |
| kan (de) | խան | [χan] |

118. De wet overtreden. Criminelen. Deel 1

bandiet (de)	ավազակ	[avazák]
misdaad (de)	հանցագործություն	[hantsʰagortsutʰjún]
misdadiger (de)	հանցագործ	[hantsʰagórts]

dief (de)	գող	[goǵ]
stelen (ww)	գողանալ	[goǵanál]
stelen, diefstal (de)	գողություն	[goǵutʰjún]

kidnappen (ww)	առևանգել	[arevangél]
kidnapping (de)	առևանգում	[arevangúm]
kidnapper (de)	առևանգող	[arevangóǵ]

| losgeld (het) | փրկագին | [pʰrkagín] |
| eisen losgeld (ww) | փրկագին պահանջել | [pʰrkagín pahandžél] |

| overvallen (ww) | կողոպտել | [koǵoptél] |
| overvaller (de) | կողոպտիչ | [koǵoptíč] |

afpersen (ww)	շորթել	[šortʰél]
afperser (de)	շորթիչ	[šortʰíč]
afpersing (de)	շորթում	[šortʰúm]

vermoorden (ww)	սպանել	[spanél]
moord (de)	սպանություն	[spanutʰjún]
moordenaar (de)	մարդասպան	[mardaspán]

schot (het)	կրակոց	[krakótsʰ]
een schot lossen	կրակել	[krakél]
neerschieten (ww)	կրակել	[krakél]
schieten (ww)	կրակել	[krakél]
schieten (het)	հրաձգություն	[hradzgutʰjún]

ongeluk (gevecht, enz.)	պատահար	[patahár]
gevecht (het)	կռիվ	[kriv]
slachtoffer (het)	զոհ	[zoh]

beschadigen (ww)	վնաս հասցնել	[vnas hastsʰnél]
schade (de)	վնաս	[vnas]
lijk (het)	դիակ	[diák]
zwaar (~ misdrijf)	ծանր	[tsanr]

aanvallen (ww)	հարձակում կատարել	[hardzakúm katarél]
slaan (iemand ~)	հարվածել	[harvatsél]
in elkaar slaan (toetakelen)	ծեծել	[tsetsél]
ontnemen (beroven)	խլել	[χlel]
steken (met een mes)	մորթել	[mortʰél]
verminken (ww)	խեղանդամացնել	[χeǵandamatsʰnél]
verwonden (ww)	վիրավորել	[viravorél]
chantage (de)	շորթում	[šortʰúm]

| chanteren (ww) | շորթել | [šortʰél] |
| chanteur (de) | շորթումնագործ | [šortʰumnagórts] |

afpersing (de)	դրամաշորթություն	[dramašhortʰutʰjún]
afperser (de)	դրամաշորթ	[dramašórtʰ]
gangster (de)	ավազակ	[avazák]
maffia (de)	մաֆիա	[máfia]

kruimeldief (de)	գրպանահատ	[grpanahát]
inbreker (de)	կոտրանք կատարող	[kotránkʰ kataróġ]
smokkelen (het)	մաքսանենգություն	[makʰsanengutʰjún]
smokkelaar (de)	մաքսանենգ	[makʰsanéng]

namaak (de)	կեղծիք	[keġtsíkʰ]
namaken (ww)	կեղծել	[keġtsél]
namaak-, vals (bn)	կեղծ	[keġts]

119. De wet overtreden. Criminelen. Deel 2

verkrachting (de)	բռնաբարություն	[brnabarutʰjún]
verkrachten (ww)	բռնաբարել	[brnabarél]
verkrachter (de)	բռնաբարող	[brnabaróġ]
maniak (de)	մոլագար	[molagár]

prostituee (de)	պոռնիկ	[porník]
prostitutie (de)	պոռնկություն	[pornkutʰjún]
pooier (de)	կավատ	[kavát]

| drugsverslaafde (de) | թմրամոլ | [tʰmramól] |
| drugshandelaar (de) | թմրավաճառ | [tʰmravačár] |

opblazen (ww)	պայթեցնել	[pajtʰetsʰnél]
explosie (de)	պայթյուն	[pajtʰjún]
in brand steken (ww)	հրկիզել	[hrkizél]
brandstichter (de)	հրկիզող	[hrkizóġ]

terrorisme (het)	ահաբեկչություն	[ahabekčutʰjún]
terrorist (de)	ահաբեկիչ	[ahabekíč]
gijzelaar (de)	պատանդ	[patánd]

bedriegen (ww)	խաբել	[χabél]
bedrog (het)	խաբեություն	[χabeutʰjún]
oplichter (de)	խարդախ	[χardáχ]

omkopen (ww)	կաշառել	[kašarél]
omkoperij (de)	կաշառք	[kašárkʰ]
smeergeld (het)	կաշառք	[kašárkʰ]

vergif (het)	թույն	[tʰujn]
vergiftigen (ww)	թունավորել	[tʰunavorél]
vergif innemen (ww)	թունավորվել	[tʰunavorél]

| zelfmoord (de) | ինքնասպանություն | [inkʰnaspanutʰjún] |
| zelfmoordenaar (de) | ինքնասպան | [inkʰnaspán] |

bedreigen (bijv. met een pistool)	սպառնալ	[sparnál]
bedreiging (de)	սպառնալիք	[sparnalíkʰ]
een aanslag plegen	մահափորձ կատարել	[mahapʰórdz katarél]
aanslag (de)	մահափորձ	[mahapʰórdz]
stelen (een auto)	առևանգել	[arevangél]
kapen (een vliegtuig)	առևանգել	[arevangél]
wraak (de)	վրեժ	[vreʒ]
wreken (ww)	վրեժ լուծել	[vreʒ lutsél]
martelen (gevangenen)	խոշտանգել	[xoštangél]
foltering (de)	խոշտանգում	[xoštangúm]
folteren (ww)	խոշտանգել	[xoštangél]
piraat (de)	ծովահեն	[tsovahén]
straatschender (de)	խուլիգան	[xuligán]
gewapend (bn)	զինված	[zinváts]
geweld (het)	բռնություն	[brnutʰjún]
spionage (de)	լրտեսություն	[lrtesutʰjún]
spioneren (ww)	լրտեսել	[lrtesél]

120. Politie. Wet. Deel 1

justitie (de)	դատ	[dat]
gerechtshof (het)	դատարան	[datarán]
rechter (de)	դատավոր	[datavór]
jury (de)	ատենակալ	[atenakál]
juryrechtspraak (de)	ատենակալների դատարան	[atenakalnerí datarán]
berechten (ww)	դատել	[datél]
advocaat (de)	փաստաբան	[pʰastabán]
beklaagde (de)	ամբաստանյալ	[ambastanjál]
beklaagdenbank (de)	ամբաստանյալների աթոռ	[ambastanjalnerí atʰór]
beschuldiging (de)	մեղադրանք	[meǵadránkʰ]
beschuldigde (de)	մեղադրյալ	[meǵadrjál]
vonnis (het)	դատավճիռ	[datavčír]
veroordelen (in een rechtszaak)	դատապարտել	[datapartél]
schuldige (de)	հանցավոր	[hantsʰavór]
straffen (ww)	պատժել	[patʒél]
bestraffing (de)	պատժամիջոց	[patʒamidʒótsʰ]
boete (de)	տուգանք	[tugánkʰ]
levenslange opsluiting (de)	ցմահ բանտարկություն	[tsʰmáh bantarkutʰjún]
doodstraf (de)	մահապատիժ	[mahapatíʒ]
elektrische stoel (de)	էլեկտրական աթոռ	[ēlektrakán atʰór]
schavot (het)	կախաղան	[kaχaǵán]

| executeren (ww) | մահապատժի ենթարկել | [mahapatʒí entʰarkél] |
| executie (de) | մահապատիժ | [mahapatíʒ] |

| gevangenis (de) | բանտ | [bant] |
| cel (de) | բանտախցիկ | [bantaχtsʰík] |

konvooi (het)	պահակախումբ	[pahakaχúmb]
gevangenisbewaker (de)	հսկիչ	[hskič]
gedetineerde (de)	բանտարկյալ	[bantarkjál]

| handboeien (mv.) | ձեռնաշղթաներ | [dzernašgtʰanér] |
| handboeien omdoen | ձեռնաշղթաներ հագցնել | [dzernašgtʰanér hagtsʰnél] |

ontsnapping (de)	փախուստ	[pʰaχúst]
ontsnappen (ww)	փախչել	[pʰaχčél]
verdwijnen (ww)	անհայտանալ	[anhajtanál]
vrijlaten (uit de gevangenis)	ազատել	[azatél]
amnestie (de)	ներում	[nerúm]

politie (de)	ոստիկանություն	[vostikanutʰjún]
politieagent (de)	ոստիկան	[vostikán]
politiebureau (het)	ոստիկանության բաժանմունք	[vostikanutʰján baʒanmúnkʰ]
knuppel (de)	ռետինե մահակ	[retiné mahák]
megafoon (de)	խոսափող	[χosapʰóǵ]

patrouilleerwagen (de)	պարեկային ավտոմեքենա	[parekajín avtomekʰená]
sirene (de)	շչակ	[ščak]
de sirene aansteken	շչակը միացնել	[ščáke miatsʰnél]
geloei (het) van de sirene	շչակի ոռնոց	[ščakí vornótsʰ]

plaats delict (de)	դեպքի վայր	[depkʰí vajr]
getuige (de)	վկա	[vka]
vrijheid (de)	ազատություն	[azatutʰjún]
handlanger (de)	հանցակից	[hantsʰakítsʰ]
ontvluchten (ww)	փախչել	[pʰaχčél]
spoor (het)	հետք	[hetkʰ]

121. Politie. Wet. Deel 2

opsporing (de)	հետախուզություն	[hetakʰnnutʰjún]
opsporen (ww)	փնտրել	[pʰntrel]
verdenking (de)	կասկած	[kaskáts]
verdacht (bn)	կասկածելի	[kaskatselí]
aanhouden (stoppen)	կանգնեցնել	[kangnetsʰnél]
tegenhouden (ww)	ձերբակալել	[dzerbakalél]

strafzaak (de)	գործ	[gorts]
onderzoek (het)	հետախուզություն	[hetakʰnnutʰjún]
detective (de)	խուզարկու	[χuzarkú]
onderzoeksrechter (de)	քննիչ	[kʰnnič]
versie (de)	վարկած	[varkáts]
motief (het)	շարժառիթ	[šarʒarítʰ]
verhoor (het)	հարցաքննություն	[hartsʰakʰnnutʰjún]

T&P Books. Thematische woordenschat Nederlands-Armeens - 5000 woorden

ondervragen (door de politie)	հարցականել	[hartsakʰnnél]
ondervragen (omstanders ~)	հարցանել	[hartsʰakʰnnél]
controle (de)	ստուգում	[stugúm]

razzia (de)	շուրջկալ	[šurdʒkál]
huiszoeking (de)	խուզարկություն	[χuzarkutʰjún]
achtervolging (de)	հետապնդում	[hetapndúm]
achtervolgen (ww)	հետապնդել	[hetapndél]
opsporen (ww)	հետևել	[hetevél]

arrest (het)	ձերբակալություն	[dzerbakalutʰjún]
arresteren (ww)	ձերբակալել	[dzerbakalél]
vangen, aanhouden (een dief, enz.)	բռնել	[brnel]
aanhouding (de)	բռնելը	[brnelə]

document (het)	փաստաթուղթ	[pʰastatʰúģtʰ]
bewijs (het)	ապացույց	[apatsʰújtsʰ]
bewijzen (ww)	ապացուցել	[apatsʰutsʰél]
voetspoor (het)	հետք	[hetkʰ]
vingerafdrukken (mv.)	մատնահետքեր	[matnahetkʰér]
bewijs (het)	հանցանշան	[hantsʰanšán]

alibi (het)	ալիբի	[álibi]
onschuldig (bn)	անմեղ	[anmég]
onrecht (het)	անարդարություն	[anardarutʰjún]
onrechtvaardig (bn)	անարդար	[anardár]

crimineel (bn)	քրեական	[kʰreakán]
confisqueren (in beslag nemen)	բռնագրավել	[brnagravél]
drug (de)	թմրանյութ	[tʰmranjútʰ]
wapen (het)	զենք	[zenkʰ]
ontwapenen (ww)	զինաթափել	[zinatʰapʰél]
bevelen (ww)	հրամայել	[hramajél]
verdwijnen (ww)	անհետանալ	[anhetanál]

wet (de)	օրենք	[orénkʰ]
wettelijk (bn)	օրինական	[orinakán]
onwettelijk (bn)	անօրինական	[anorinakán]

verantwoordelijkheid (de)	պատասխանատվություն	[patasχanatvutʰjún]
verantwoordelijk (bn)	պատասխանատու	[patasχanatú]

NATUUR

De Aarde. Deel 1

122. De kosmische ruimte

kosmos (de)	տիեզերք	[tiezérkʰ]
kosmisch (bn)	տիեզերական	[tiezerakán]
kosmische ruimte (de)	տիեզերական տարածություն	[tiezerakán taratsutʰjún]
wereld (de)	աշխարհ	[ašχárh]
heelal (het)	տիեզերք	[tiezérkʰ]
sterrenstelsel (het)	գալակտիկա	[galáktika]
ster (de)	աստղ	[astġ]
sterrenbeeld (het)	համաստեղություն	[hamasteġutʰjún]
planeet (de)	մոլորակ	[molorák]
satelliet (de)	արբանյակ	[arbanják]
meteoriet (de)	երկնաքար	[erknakʰár]
komeet (de)	գիսաստղ	[gisástġ]
asteroïde (de)	աստղակերպ	[astġakérp]
baan (de)	ուղեծիր	[uġetsír]
draaien (om de zon, enz.)	պտտվել	[ptɐtvél]
atmosfeer (de)	մթնոլորտ	[mtʰnolórt]
Zon (de)	արեգակ	[aregák]
zonnestelsel (het)	արեգակնային համակարգ	[aregaknajín hamakárg]
zonsverduistering (de)	արևի խավարում	[arevi χavarúm]
Aarde (de)	Երկիր	[erkír]
Maan (de)	Լուսին	[lusín]
Mars (de)	Մարս	[mars]
Venus (de)	Վեներա	[venéra]
Jupiter (de)	Յուպիտեր	[jupíter]
Saturnus (de)	Սատուրն	[satúrn]
Mercurius (de)	Մերկուրի	[merkúri]
Uranus (de)	Ուրան	[urán]
Neptunus (de)	Նեպտուն	[neptún]
Pluto (de)	Պլուտոն	[plutón]
Melkweg (de)	Կաթնածիր	[katʰnatsír]
Grote Beer (de)	Մեծ Արջ	[mets ardʒ]
Poolster (de)	Բևեռային Աստղ	[beverajín ástġ]
marsmannetje (het)	Մարսի բնակիչ	[marsí bnakíč]

buitenaards wezen (het)	այլմոլորակային	[ajlmolorakajín]
bovenaards (het)	եկվոր	[ekvór]
vliegende schotel (de)	թռչող ափսե	[tʰrčóġ apʰsé]

ruimtevaartuig (het)	տիեզերանավ	[tiezeragnáts]
ruimtestation (het)	ուղեծրային կայան	[uġetsrajín kaján]
start (de)	մեկնատրիչք	[meknatʰríčkʰ]

motor (de)	շարժիչ	[šarʒíč]
straalpijp (de)	փողելք	[pʰoġélkʰ]
brandstof (de)	վառելիք	[varelíkʰ]

cabine (de)	խցիկ	[xtsʰik]
antenne (de)	ալեհավաք	[alehavákʰ]
patrijspoort (de)	իլյումինատոր	[iljuminátor]
zonnebatterij (de)	արևային մարտկոց	[arevajín martkótsʰ]
ruimtepak (het)	սկաֆանդր	[skafándr]

gewichtloosheid (de)	անկշռություն	[ankšrutʰjún]
zuurstof (de)	թթվածին	[tʰtʰvatsín]

koppeling (de)	միակցում	[miaktsʰúm]
koppeling maken	միակցում կատարել	[miaktsʰúm katarél]

observatorium (het)	աստղադիտարան	[astġaditarán]
telescoop (de)	աստղադիտակ	[astġaditák]
waarnemen (ww)	հետևել	[hetevél]
exploreren (ww)	հետազոտել	[hetazotél]

123. De Aarde

Aarde (de)	Երկիր	[erkír]
aardbol (de)	երկրագունդ	[erkragúnd]
planeet (de)	մոլորակ	[molorák]

atmosfeer (de)	մթնոլորտ	[mtʰnolórt]
aardrijkskunde (de)	աշխարհագրություն	[ašxarhagrutʰjún]
natuur (de)	բնություն	[bnutʰjún]

wereldbol (de)	գլոբուս	[globús]
kaart (de)	քարտեզ	[kʰartéz]
atlas (de)	ատլաս	[atlás]

Europa (het)	Եվրոպա	[evrópa]
Azië (het)	Ասիա	[ásia]
Afrika (het)	Աֆրիկա	[áfrika]
Australië (het)	Ավստրալիա	[avstrália]

Amerika (het)	Ամերիկա	[amérika]
Noord-Amerika (het)	Հյուսիսային Ամերիկա	[hjusisajín amérika]
Zuid-Amerika (het)	Հարավային Ամերիկա	[haravajín amérika]

Antarctica (het)	Անտարկտիդա	[antarktída]
Arctis (de)	Արկտիկա	[árktika]

124. Windrichtingen

Nederlands	Armeens	Transcriptie
noorden (het)	հյուսիս	[hjusís]
naar het noorden	դեպի հյուսիս	[depí hjusís]
in het noorden	հյուսիսում	[hjusisúm]
noordelijk (bn)	հյուսիսային	[hjusisajín]
zuiden (het)	հարավ	[haráv]
naar het zuiden	դեպի հարավ	[depí haráv]
in het zuiden	հարավում	[haravúm]
zuidelijk (bn)	հարավային	[haravajín]
westen (het)	արևմուտք	[arevmútkʰ]
naar het westen	դեպի արևմուտք	[depí arevmútkʰ]
in het westen	արևմուտքում	[arevmutkʰúm]
westelijk (bn)	արևմտյան	[arevmtján]
oosten (het)	արևելք	[arevélkʰ]
naar het oosten	դեպի արևելք	[depí arevélkʰ]
in het oosten	արևելքում	[arevelkʰúm]
oostelijk (bn)	արևելյան	[arevelján]

125. Zee. Oceaan

Nederlands	Armeens	Transcriptie
zee (de)	ծով	[tsov]
oceaan (de)	ովկիանոս	[ovkianós]
golf (baai)	ծոց	[tsotsʰ]
straat (de)	նեղուց	[neġútsʰ]
grond (vaste grond)	գսւմաք	[tsʰamákʰ]
continent (het)	մայրցամաք	[majrtsʰamákʰ]
eiland (het)	կղզի	[kġzi]
schiereiland (het)	թերակղզի	[tʰerakġzí]
archipel (de)	արշիպելագ	[aršipelág]
baai, bocht (de)	ծովախորշ	[tsovaxórš]
haven (de)	նավահանգիստ	[navahangíst]
lagune (de)	ծովալճակ	[tsovalčák]
kaap (de)	հրվանդան	[hrvandán]
atol (de)	ատոլ	[atól]
rif (het)	խութ	[xutʰ]
koraal (het)	մարջան	[marʒán]
koraalrif (het)	մարջանախութ	[marʒanaxútʰ]
diep (bn)	խորը	[xórə]
diepte (de)	խորություն	[xorutʰjún]
diepzee (de)	անդունդ	[andúnd]
trog (bijv. Marianentrog)	ծովախորշ	[tsovaxórš]
stroming (de)	հոսանք	[hosánkʰ]
omspoelen (ww)	ողողել	[voġoġél]
oever (de)	ափ	[apʰ]

kust (de)	ծովափ	[tsováp ʰ]
vloed (de)	մակընթացություն	[makentʰatsʰutʰjún]
eb (de)	տեղատվություն	[teġatvutʰjún]
ondiepte (ondiep water)	առափնյա ծանծաղուտ	[arapʰnjá tsantsaġút]
bodem (de)	հատակ	[haták]

golf (hoge ~)	ալիք	[alíkʰ]
golfkam (de)	ալիքի կատար	[alikʰí katár]
schuim (het)	փրփուր	[pʰrpʰur]

storm (de)	փոթորիկ	[pʰotʰorík]
orkaan (de)	մրրիկ	[mrrik]
tsunami (de)	ցունամի	[tsʰunámi]
windstilte (de)	խաղաղություն	[xaġaġutʰjún]
kalm (bijv. ~e zee)	հանգիստ	[hangíst]

| pool (de) | բևեռ | [bevér] |
| polair (bn) | բևեռային | [beverajín] |

breedtegraad (de)	լայնություն	[lajnutʰjún]
lengtegraad (de)	երկարություն	[erkarutʰjún]
parallel (de)	զուգահեռական	[zugaherakán]
evenaar (de)	հասարակած	[hasarakáts]

hemel (de)	երկինք	[erkínkʰ]
horizon (de)	հորիզոն	[horizón]
lucht (de)	օդ	[od]

vuurtoren (de)	փարոս	[pʰarós]
duiken (ww)	սուզվել	[suzvél]
zinken (ov. een boot)	խորտակվել	[xortakvél]
schatten (mv.)	գանձեր	[gandzér]

126. Namen van zeeën en oceanen

Atlantische Oceaan (de)	Ատլանտյան օվկիանոս	[atlantján ovkianós]
Indische Oceaan (de)	Հնդկական օվկիանոս	[hndkakán ovkianós]
Stille Oceaan (de)	Խաղաղ օվկիանոս	[xaġáġ ovkianós]
Noordelijke IJszee (de)	Հյուսիսային Սառուցյալ օվկիանոս	[hjusisajín sarutsʰjál ovkianós]

Zwarte Zee (de)	Սև ծով	[sev tsov]
Rode Zee (de)	Կարմիր ծով	[karmír tsóv]
Gele Zee (de)	Դեղին ծով	[deġín tsov]
Witte Zee (de)	Սպիտակ ծով	[spiták tsóv]

Kaspische Zee (de)	Կասպից ծով	[kaspítsʰ tsov]
Dode Zee (de)	Մեռյալ ծով	[merjál tsov]
Middellandse Zee (de)	Միջերկրական ծով	[midʒerkrakán tsov]

Egeïsche Zee (de)	Էգեյան ծով	[ēgeján tsov]
Adriatische Zee (de)	Ադրիատիկ ծով	[adriatík tsov]
Arabische Zee (de)	Արաբական ծով	[arabakán tsov]
Japanse Zee (de)	Ճապոնական ծով	[čaponakán tsov]

Beringzee (de)	Բերինգի ծով	[beringí tsóv]
Zuid-Chinese Zee (de)	Արևելա-Չինական ծով	[arevelá činakán tsov]
Koraalzee (de)	Կորալյան ծով	[koralján tsov]
Tasmanzee (de)	Տասմանյան ծով	[tasmanján tsov]
Caribische Zee (de)	Կարիբյան ծով	[karibján tsóv]
Barentszzee (de)	Բարենցյան ծով	[barentsʰján tsóv]
Karische Zee (de)	Կարսի ծով	[karsí tsóv]
Noordzee (de)	Հյուսիսային ծով	[hjusisajín tsóv]
Baltische Zee (de)	Բալթիկ ծով	[baltʰík tsov]
Noorse Zee (de)	Նորվեգյան ծով	[norvegján tsóv]

127. Bergen

berg (de)	լեռ	[ler]
bergketen (de)	լեռնաշղթա	[lernašgtʰá]
gebergte (het)	լեռնագագաթ	[lernagagátʰ]
bergtop (de)	գագաթ	[gagátʰ]
bergpiek (de)	լեռնագագաթ	[lernagagátʰ]
voet (ov. de berg)	ստորոտ	[storót]
helling (de)	սարալանջ	[saralándʒ]
vulkaan (de)	հրաբուխ	[hrabúx]
actieve vulkaan (de)	գործող հրաբուխ	[gortsóg hrabúx]
uitgedoofde vulkaan (de)	հանգած հրաբուխ	[hangáts hrabúx]
uitbarsting (de)	ժայթքում	[ʒajtʰkʰúm]
krater (de)	խառնարան	[xɑrnɑrán]
magma (het)	մագմա	[mágma]
lava (de)	լավա	[láva]
gloeiend (~e lava)	շիկացած	[šikatsʰáts]
kloof (canyon)	խնձահովիտ	[xndzahovít]
bergkloof (de)	կիրճ	[kirč]
spleet (de)	նեղ կիրճ	[neġ kirč]
bergpas (de)	լեռնանցք	[lernántsʰkʰ]
plateau (het)	սարահարթ	[sarahártʰ]
klip (de)	ժայռ	[ʒajr]
heuvel (de)	բլուր	[blur]
gletsjer (de)	սառցադաշտ	[sartsʰadášt]
waterval (de)	ջրվեժ	[dʒrveʒ]
geiser (de)	գեյզեր	[géjzer]
meer (het)	լիճ	[lič]
vlakte (de)	հարթավայր	[hartʰavájr]
landschap (het)	բնատեսարան	[bnatesarán]
echo (de)	արձագանք	[ardzagánkʰ]
alpinist (de)	լեռնագնաց	[lernagnátsʰ]
bergbeklimmer (de)	ժայռամագլցող	[ʒajramaglt sʰóġ]

trotseren (berg ~)	գերել	[gerél]
beklimming (de)	վերելք	[verélkʰ]

128. Bergen namen

Alpen (de)	Ալպեր	[alpér]
Mont Blanc (de)	Մոնբլան	[monblán]
Pyreneeën (de)	Պիրինեյներ	[pirinejnér]
Karpaten (de)	Կարպատներ	[karpatnér]
Oeralgebergte (het)	Ուրալյան լեռներ	[uralján lernér]
Kaukasus (de)	Կովկաս	[kovkás]
Elbroes (de)	Էլբրուս	[élbrús]
Altaj (de)	Ալտայ	[altáj]
Tiensjan (de)	Տյան Շան	[tjan šan]
Pamir (de)	Պամիր	[pamír]
Himalaya (de)	Հիմալայներ	[himalajnér]
Everest (de)	Էվերեստ	[ēverést]
Andes (de)	Անդեր	[andér]
Kilimanjaro (de)	Կիլիմանջարո	[kilimandʒáro]

129. Rivieren

rivier (de)	գետ	[get]
bron (~ van een rivier)	աղբյուր	[aġbjúr]
rivierbedding (de)	հուն	[hun]
rivierbekken (het)	ջրավազան	[dʒravazán]
uitmonden in ...	թափվել	[tʰapʰvél]
zijrivier (de)	վտակ	[vtak]
oever (de)	ափ	[apʰ]
stroming (de)	հոսանք	[hosánkʰ]
stroomafwaarts (bw)	հոսանքն ի վայր	[hosánkʰn í vájr]
stroomopwaarts (bw)	հոսանքն ի վեր	[hosánkʰn í vér]
overstroming (de)	հեղեղում	[heġeġúm]
overstroming (de)	վարարություն	[vararutʰjún]
buiten zijn oevers treden	վարարել	[vararél]
overstromen (ww)	հեղեղել	[heġeġél]
zandbank (de)	ծանծաղուտ	[tsantsaġút]
stroomversnelling (de)	սահանք	[sahánkʰ]
dam (de)	ամբարտակ	[ambarták]
kanaal (het)	ջրանցք	[dʒrántsʰkʰ]
spaarbekken (het)	ջրամբար	[dʒrambár]
sluis (de)	ջրագելակ	[dʒragelák]
waterlichaam (het)	ջրավազան	[dʒravazán]
moeras (het)	ճահիճ	[čahíč]

broek (het)	ճահճուտ	[čahčút]
draaikolk (de)	հորձանուտ	[hordzanút]
stroom (de)	առու	[arú]
drink- (abn)	խմելու	[xmelú]
zoet (~ water)	քաղցրահամ	[kʰaǵtsʰrahám]
ijs (het)	սառույց	[sarújtsʰ]
bevriezen (rivier, enz.)	սառչել	[sarčél]

130. Namen van rivieren

Seine (de)	Սենա	[séna]
Loire (de)	Լուարա	[luára]
Theems (de)	Թեմզա	[tʰémza]
Rijn (de)	Ռեյն	[rejn]
Donau (de)	Դունայ	[dunáj]
Wolga (de)	Վոլգա	[vólga]
Don (de)	Դոն	[don]
Lena (de)	Լենա	[léna]
Gele Rivier (de)	Խուանխե	[xuanxé]
Blauwe Rivier (de)	Ցանգզի	[jantsʰze]
Mekong (de)	Մեկոնգ	[mekóng]
Ganges (de)	Գանգես	[gangés]
Nijl (de)	Նեղոս	[neǵós]
Kongo (de)	Կոնգո	[kóngo]
Okavango (de)	Օկավանգո	[okavángo]
Zambezi (de)	Զամբեզի	[zambézi]
Limpopo (de)	Լիմպոպո	[limpopó]
Mississippi (de)	Միսիսիպի	[misisipí]

131. Bos

bos (het)	անտառ	[antár]
bos- (abn)	անտառային	[antarajín]
oerwoud (dicht bos)	թավուտ	[tʰavút]
bosje (klein bos)	պուրակ	[purák]
open plek (de)	բացատ	[batsʰát]
struikgewas (het)	մացառուտ	[matsʰarút]
struiken (mv.)	թփուտ	[tʰpʰut]
paadje (het)	կածան	[katsán]
ravijn (het)	ձորակ	[dzorák]
boom (de)	ծառ	[tsar]
blad (het)	տերև	[terév]

gebladerte (het)	տերևներ	[terevnér]
vallende bladeren (mv.)	տերևաթափի	[terevatʰápʰ]
vallen (ov. de bladeren)	թափվել	[tʰapʰvél]
boomtop (de)	կատար	[katár]

tak (de)	ճյուղ	[čjuġ]
ent (de)	նուտ	[vost]
knop (de)	բողբոջ	[boġbódž]
naald (de)	փուշ	[pʰuš]
dennenappel (de)	եղևնի	[elúnd]

boom holte (de)	փչակ	[pʰčak]
nest (het)	բույն	[bujn]
hol (het)	որջ	[vordž]

stam (de)	բուն	[bun]
wortel (bijv. boom~s)	արմատ	[armát]
schors (de)	կեղև	[keġév]
mos (het)	մամուռ	[mamúr]

ontwortelen (een boom)	արմատախիլ անել	[armataχíl anél]
kappen (een boom ~)	հատել	[hatél]
ontbossen (ww)	անտառահատել	[antarahatél]
stronk (de)	կոճղ	[kočġ]

kampvuur (het)	խարույկ	[χarújk]
bosbrand (de)	հրդեհ	[hrdeh]
blussen (ww)	հանգցնել	[hangtsʰnél]

boswachter (de)	անտառապահ	[antarapáh]
bescherming (de)	պահպանություն	[pahpanutʰjún]
beschermen (bijv. de natuur ~)	պահպանել	[pahpanél]
stroper (de)	որսագող	[vorsagóġ]
val (de)	թակարդ	[tʰakárd]

| plukken (vruchten, enz.) | հավաքել | [havakʰél] |
| verdwalen (de weg kwijt zijn) | մոլորվել | [molorvél] |

132. Natuurlijke hulpbronnen

natuurlijke rijkdommen (mv.)	բնական ռեսուրսներ	[bnakán resursnér]
delfstoffen (mv.)	օգտակար հանածոներ	[ogtakár hanatsonér]
lagen (mv.)	հանքաշերտ	[hankʰašért]
veld (bijv. olie~)	հանքավայր	[hankʰavájr]

winnen (uit erts ~)	արդյունահանել	[ardjunahanél]
winning (de)	արդյունահանում	[ardjunahanúm]
erts (het)	հանքաքար	[hankʰakʰár]
mijn (bijv. kolenmijn)	հանք	[hankʰ]
mijnschacht (de)	հորան	[horán]
mijnwerker (de)	հանքափոր	[hankʰapʰór]
gas (het)	գազ	[gaz]
gasleiding (de)	գազատար	[gazatár]

olie (aardolie)	նավթ	[navtʰ]
olieleiding (de)	նավթատար	[navtʰatár]
oliebron (de)	նավթային աշտարակ	[navtʰajín aštarák]
boortoren (de)	հորատման աշտարակ	[horatmán aštarák]
tanker (de)	ցիստեռն	[ltsʰanáv]
zand (het)	ավազ	[aváz]
kalksteen (de)	կրաքար	[krakʰár]
grind (het)	խիճ	[xič]
veen (het)	տորֆ	[torf]
klei (de)	կավ	[kav]
steenkool (de)	ածուխ	[atsúx]
ijzer (het)	երկաթ	[erkátʰ]
goud (het)	ոսկի	[voskí]
zilver (het)	արծաթ	[artsátʰ]
nikkel (het)	նիկել	[nikél]
koper (het)	պղինձ	[pġindz]
zink (het)	ցինկ	[tsʰink]
mangaan (het)	մանգան	[mangán]
kwik (het)	սնդիկ	[sndik]
lood (het)	արճիճ	[arčíč]
mineraal (het)	հանքանյութ	[hankʰanjútʰ]
kristal (het)	բյուրեղ	[bjuréġ]
marmer (het)	մարմար	[marmár]
uraan (het)	ուրան	[urán]

De Aarde. Deel 2

133. Weer

Nederlands	Armeens	Uitspraak
weer (het)	եղանակ	[eġanák]
weersvoorspelling (de)	եղանակի տեսություն	[eġanakí tesutʰjún]
temperatuur (de)	ջերմաստիճան	[dʒermastičán]
thermometer (de)	ջերմաչափ	[dʒermačápʰ]
barometer (de)	ճնշաչափ	[tsanračápʰ]
vochtigheid (de)	խոնավություն	[χonavutʰjún]
hitte (de)	տապ	[tap]
heet (bn)	շոգ	[šog]
het is heet	շոգ է	[šog ē]
het is warm	տաք է	[takʰ ē]
warm (bn)	տաք	[takʰ]
het is koud	qուրտ է	[tsʰúrt ē]
koud (bn)	սառը	[sárə]
zon (de)	արև	[arév]
schijnen (de zon)	շողալ	[šoġál]
zonnig (~e dag)	արևային	[arevajín]
opgaan (ov. de zon)	ծագել	[tsagél]
ondergaan (ww)	մայր մտնել	[majr mtnel]
wolk (de)	ամպ	[amp]
bewolkt (bn)	ամպամած	[ampamáts]
regenwolk (de)	բուխպ	[tʰuχp]
somber (bn)	ամպամած	[ampamáts]
regen (de)	անձրև	[andzrév]
het regent	անձրև է գալիս	[andzrév ē galís]
regenachtig (bn)	անձրևային	[andzrevajín]
motregenen (ww)	մաղել	[maġél]
plensbui (de)	տեղատարափ անձրև	[teġatarápʰ andzrév]
stortbui (de)	տեղատարափ անձրև	[teġatarápʰ andzrév]
hard (bn)	տարափ	[tarápʰ]
plas (de)	ջրակույտ	[dʒrakújt]
nat worden (ww)	թրջվել	[tʰrdʒvel]
mist (de)	մառախուղ	[maraχúġ]
mistig (bn)	մառախլապատ	[maraχlapát]
sneeuw (de)	ձյուն	[dzjun]
het sneeuwt	ձյուն է գալիս	[dzjún ē galís]

134. Zwaar weer. Natuurrampen

noodweer (storm)	փոթորիկ	[pʰotʰorík]
bliksem (de)	կայծակ	[kajtsák]
flitsen (ww)	փայլատակել	[pʰajlatakél]
donder (de)	որոտ	[vorót]
donderen (ww)	որոտալ	[vorotál]
het dondert	ամպերը որոտում են	[ampérə vorotúm én]
hagel (de)	կարկուտ	[karkút]
het hagelt	կարկուտ է գալիս	[karkút ē galís]
overstromen (ww)	հեղեղել	[heġeġél]
overstroming (de)	հեղեղում	[heġeġúm]
aardbeving (de)	երկրաշարժ	[erkrašárʒ]
aardschok (de)	ցնցում	[tsʰntsʰum]
epicentrum (het)	էպիկենտրոն	[ēpikentrón]
uitbarsting (de)	ժայթքում	[ʒajtʰkʰúm]
lava (de)	լավա	[láva]
wervelwind (de)	մրրկասյուն	[mrrkasjún]
windhoos (de)	տորնադո	[tornádo]
tyfoon (de)	տայֆուն	[tajfún]
orkaan (de)	մրրիկ	[mrrik]
storm (de)	փոթորիկ	[pʰotʰorík]
tsunami (de)	ցունամի	[tsʰunámi]
cycloon (de)	ցիկլոն	[tsʰiklón]
onweer (het)	վատ եղանակ	[vat eġanák]
brand (de)	հրդեհ	[hrdeh]
ramp (de)	աղետ	[aġét]
meteoriet (de)	երկնաքար	[erknakʰár]
lawine (de)	հուսին	[husín]
sneeuwverschuiving (de)	ձնահյուս	[dznahjús]
sneeuwjacht (de)	բուք	[bukʰ]
sneeuwstorm (de)	բորան	[borán]

Fauna

135. Zoogdieren. Roofdieren

roofdier (het)	գիշատիչ	[gišatíč]
tijger (de)	վագր	[vagr]
leeuw (de)	առյուծ	[arjúts]
wolf (de)	գայլ	[gajl]
vos (de)	աղվես	[aǵvés]
jaguar (de)	հովազ	[hováz]
luipaard (de)	ընձառյուծ	[əndzarjúts]
jachtluipaard (de)	շնականու	[šnakatú]
panter (de)	հովազ	[hováz]
poema (de)	կուգուար	[kuguár]
sneeuwluipaard (de)	ձյունամերմակ հովազ	[dzjunačermák hováz]
lynx (de)	լուսան	[lusán]
coyote (de)	կոյոտ	[kojót]
jakhals (de)	շնագայլ	[šnagájl]
hyena (de)	բորենի	[borení]

136. Wilde dieren

dier (het)	կենդանի	[kendaní]
beest (het)	գազան	[gazán]
eekhoorn (de)	սկյուռ	[skjur]
egel (de)	ոզնի	[vozní]
haas (de)	նապաստակ	[napasták]
konijn (het)	ճագար	[čagár]
das (de)	փորսուղ	[pʰorsúǵ]
wasbeer (de)	ջրարջ	[dʒrardʒ]
hamster (de)	գերմանամուկ	[germanamúk]
marmot (de)	արծամուկ	[ardzamúk]
mol (de)	խլուրդ	[xlurd]
muis (de)	մուկ	[muk]
rat (de)	առնետ	[arnét]
vleermuis (de)	չղջիկ	[čǵdʒik]
hermelijn (de)	կզնում	[kngum]
sabeldier (het)	սամույր	[samújr]
marter (de)	կզաքիս	[kzakʰís]
wezel (de)	աքիս	[akʰís]
nerts (de)	ջրաքիս	[dʒrakʰís]

bever (de)	կուղբ	[kuġb]
otter (de)	ջրասամույր	[dʒrasamújr]
paard (het)	ձի	[dzi]
eland (de)	որմզդեղն	[vormzdéġn]
hert (het)	եղջերու	[eġdʒerú]
kameel (de)	ուղտ	[uġt]
bizon (de)	բիզոն	[bizón]
wisent (de)	վայրի ցուլ	[vajrí tsʰul]
buffel (de)	գոմեշ	[gomḗš]
zebra (de)	զեբր	[zebr]
antilope (de)	այծեղջերու	[ajtseġdʒerú]
ree (de)	այծյամ	[ajtsjám]
damhert (het)	եղնիկ	[eġník]
gems (de)	քարայծ	[kʰarájts]
everzwijn (het)	վարազ	[varáz]
walvis (de)	կետ	[ket]
rob (de)	փոկ	[pʰok]
walrus (de)	ծովափիղ	[tsovapʰíġ]
zeebeer (de)	ծովարջ	[tsovárdʒ]
dolfijn (de)	դելֆին	[delfín]
beer (de)	արջ	[ardʒ]
ijsbeer (de)	սպիտակ արջ	[spiták árdʒ]
panda (de)	պանդա	[pánda]
aap (de)	կապիկ	[kapík]
chimpansee (de)	շիմպանզե	[šimpanzé]
orang-oetan (de)	օրանգուտանգ	[orangutáng]
gorilla (do)	գորիլա	[ɡorílla]
makaak (de)	մակակա	[makáka]
gibbon (de)	գիբբոն	[gibbón]
olifant (de)	փիղ	[pʰiġ]
neushoorn (de)	ռնգեղջյուր	[rngeġdʒjúr]
giraffe (de)	ընձուղտ	[əndzúġt]
nijlpaard (het)	գետաձի	[getadzí]
kangoeroe (de)	ագևազ	[agevázǃ]
koala (de)	կոալա	[koála]
mangoest (de)	մանգուստ	[mangúst]
chinchilla (de)	շինշիլա	[šinšíla]
stinkdier (het)	սկունս	[skuns]
stekelvarken (het)	խոզուկ	[χozúk]

137. Huisdieren

poes (de)	կատու	[katú]
kater (de)	կատու	[katú]
hond (de)	շուն	[šun]

paard (het)	ձի	[dzi]
hengst (de)	հովատակ	[hovaták]
merrie (de)	զամբիկ	[zambík]
koe (de)	կով	[kov]
bul, stier (de)	ցուլ	[tsʰul]
os (de)	եզ	[ez]
schaap (het)	ոչխար	[vočχár]
ram (de)	խոյ	[χoj]
geit (de)	այծ	[ajts]
bok (de)	այծ	[ajts]
ezel (de)	ավանակ	[avanák]
muilezel (de)	ջորի	[dʒorí]
varken (het)	խոզ	[χoz]
biggetje (het)	գոճի	[gočí]
konijn (het)	ճագար	[čagár]
kip (de)	հավ	[hav]
haan (de)	աքլոր	[akʰlór]
eend (de)	բադ	[bad]
woerd (de)	բադաքլոր	[badakʰlór]
gans (de)	սագ	[sag]
kalkoen haan (de)	հնդկահավ	[hndkaháv]
kalkoen (de)	հնդկահավ	[hndkaháv]
huisdieren (mv.)	ընտանի կենդանիներ	[əntaní kendaninér]
tam (bijv. hamster)	ձեռնասուն	[dzernasún]
temmen (tam maken)	ընտելացնել	[əntelatsʰnél]
fokken (bijv. paarden ~)	բուծել	[butsél]
boerderij (de)	ֆերմա	[férma]
gevogelte (het)	ընտանի թռչուններ	[əntaní tʰrčunnér]
rundvee (het)	անասուն	[anasún]
kudde (de)	նախիր	[naχír]
paardenstal (de)	ախոռ	[aχór]
zwijnenstal (de)	խոզանոց	[χozanótsʰ]
koeienstal (de)	գոմ	[gom]
konijnenhok (het)	ճագարանոց	[čagaranótsʰ]
kippenhok (het)	հավանոց	[havanótsʰ]

138. Vogels

vogel (de)	թռչուն	[tʰrčun]
duif (de)	աղավնի	[aġavní]
mus (de)	ճնճղուկ	[čnčġuk]
koolmees (de)	երաշտահավ	[eraštaháv]
ekster (de)	կաչաղակ	[kačaġák]
raaf (de)	ագռավ	[agráv]

kraai (de)	ագռավ	[agráv]
kauw (de)	ճայակ	[čaják]
roek (de)	սերմնագռավ	[sermnagráv]
eend (de)	բադ	[bad]
gans (de)	սագ	[sag]
fazant (de)	փասիան	[pʰasián]
arend (de)	արծիվ	[artsív]
havik (de)	շահեն	[šahén]
valk (de)	բազե	[bazé]
gier (de)	անգղ	[angġ]
condor (de)	պասկուճ	[paskúč]
zwaan (de)	կարապ	[karáp]
kraanvogel (de)	կռունկ	[krunk]
ooievaar (de)	արագիլ	[aragíl]
papegaai (de)	թութակ	[tʰutʰák]
kolibrie (de)	կոլիբրի	[kolíbri]
pauw (de)	սիրամարգ	[siramárg]
struisvogel (de)	շայլամ	[dʒajlám]
reiger (de)	ձկնկուլ	[dzknkul]
flamingo (de)	վարդաթևիկ	[vardatʰevík]
pelikaan (de)	հավալուսն	[havalúsn]
nachtegaal (de)	սոխակ	[soχák]
zwaluw (de)	ծիծեռնակ	[tsitsernák]
lijster (de)	կեռնեխ	[kernéχ]
zanglijster (de)	երգող կեռնեխ	[ergóġ kernéχ]
merel (de)	սև կեռնեխ	[sév kernéχ]
gierzwaluw (de)	ջրածիծառ	[dʒratsitsár]
leeuwerik (de)	արտույտ	[artújt]
kwartel (de)	լոր	[lor]
specht (de)	փայտփորիկ	[pʰajtpʰorík]
koekoek (de)	կկու	[kəkú]
uil (de)	բու	[bu]
oehoe (de)	բվեճ	[bveč]
auerhoen (het)	խլահավ	[χlaháv]
korhoen (het)	ցախաքլոր	[tsʰaχakʰlór]
patrijs (de)	կաքավ	[kakʰáv]
spreeuw (de)	սարյակ	[sarják]
kanarie (de)	դեղձանիկ	[deġdzaník]
hazelhoen (het)	աքար	[akʰár]
vink (de)	սերինոս	[serinós]
goudvink (de)	խածկտիկ	[χatsktík]
meeuw (de)	ճայ	[čaj]
albatros (de)	ալբատրոս	[albatrós]
pinguïn (de)	պինգվին	[pingvín]

139. Vis. Zeedieren

brasem (de)	բրամ	[bram]
karper (de)	գետածածան	[getatsatsán]
baars (de)	պերկես	[perkés]
meerval (de)	լոքո	[lokʰó]
snoek (de)	գայլաձուկ	[gajladzúk]
zalm (de)	սաղմոն	[saġmán]
steur (de)	թառափ	[tʰarápʰ]
haring (de)	ծովատառեխ	[tsovataréχ]
atlantische zalm (de)	սաղմոն ձուկ	[saġmán dzuk]
makreel (de)	թյունիկ	[tʰjuník]
platvis (de)	տափակաձուկ	[tapʰakadzúk]
snoekbaars (de)	շիղաձուկ	[šiġadzúk]
kabeljauw (de)	ձողաձուկ	[dzoġadzúk]
tonijn (de)	թյուննոս	[tʰjunnós]
forel (de)	իշխան	[išχán]
paling (de)	օձաձուկ	[odzadzúk]
sidderrog (de)	էլեկտրավոր կատվաձուկ	[ēlektravór katvadzúk]
murene (de)	մուրենա	[muréna]
piranha (de)	պիրանյա	[piránja]
haai (de)	շնաձուկ	[šnadzúk]
dolfijn (de)	դելֆին	[delfín]
walvis (de)	կետ	[ket]
krab (de)	ծովախեցգետին	[tsovaχetsʰgetín]
kwal (de)	մեդուզա	[medúza]
octopus (de)	ութոտնուկ	[utʰotnúk]
zeester (de)	ծովաստղ	[tsovástġ]
zee-egel (de)	ծովոզնի	[tsovozní]
zeepaardje (het)	ծովաձի	[tsovadzí]
oester (de)	ոստրե	[vostré]
garnaal (de)	մանր ծովախեցգետին	[mánr tsovaχetsʰgetín]
kreeft (de)	օմար	[omár]
langoest (de)	լանգուստ	[langúst]

140. Amfibieën. Reptielen

slang (de)	օձ	[odz]
giftig (slang)	թունավոր	[tʰunavór]
adder (de)	իժ	[iʒ]
cobra (de)	կոբրա	[kóbra]
python (de)	պիթոն	[pitʰón]
boa (de)	վիշապօձ	[višapódz]
ringslang (de)	լորտու	[lortú]

Nederlands	Armeens	Uitspraak
ratelslang (de)	խարամանի	[xaramaní]
anaconda (de)	անակոնդա	[anakónda]
hagedis (de)	մողես	[moģés]
leguaan (de)	իգուանա	[iguána]
varaan (de)	վարան	[varán]
salamander (de)	սալամանդր	[salamándr]
kameleon (de)	քամելեոն	[kʰameleón]
schorpioen (de)	կարիճ	[karíč]
schildpad (de)	կրիա	[kriá]
kikker (de)	գորտ	[gort]
pad (de)	դոդոշ	[dodóš]
krokodil (de)	կոկորդիլոս	[kokordilós]

141. Insecten

Nederlands	Armeens	Uitspraak
insect (het)	միջատ	[midʒát]
vlinder (de)	թիթեռ	[tʰitʰér]
mier (de)	մրջյուն	[mrdʒun]
vlieg (de)	ճանճ	[čanč]
mug (de)	մոծակ	[motsák]
kever (de)	բզեզ	[bzez]
wesp (de)	իշամեղու	[išameģú]
bij (de)	մեղու	[meģú]
hommel (de)	կրետ	[kret]
horzel (de)	բոռ	[bor]
spin (de)	սարդ	[sard]
spinnenweb (het)	սարդոստայն	[sardostájn]
libel (de)	ճպուռ	[čpur]
sprinkhaan (de)	մորեխ	[moréx]
nachtvlinder (de)	թիթեռնիկ	[tʰitʰerník]
kakkerlak (de)	ուտիճ	[utič]
teek (de)	տիզ	[tiz]
vlo (de)	լու	[lu]
kriebelmug (de)	մլակ	[mlak]
treksprinkhaan (de)	մարախ	[maráx]
slak (de)	խխունջ	[xəxúndʒ]
krekel (de)	ծղրիդ	[tsģrid]
glimworm (de)	լուսատիտիկ	[lusatitík]
lieveheersbeestje (het)	զատիկ	[zatík]
meikever (de)	մայիսյան բզեզ	[majisján bzez]
bloedzuiger (de)	տզրուկ	[tzruk]
rups (de)	թրթուր	[tʰrtʰur]
aardworm (de)	որդ	[vord]
larve (de)	թրթուր	[tʰrtʰur]

Flora

142. Bomen

boom (de)	ծառ	[tsar]
loof- (abn)	սաղարթավոր	[saġartʰavór]
dennen- (abn)	փշատերև	[pʰšaterév]
groenblijvend (bn)	մշտադալար	[mštadalár]
appelboom (de)	խնձորենի	[xndzorení]
perenboom (de)	տանձենի	[tandzení]
zoete kers (de)	կեռասենի	[kerasení]
zure kers (de)	բալենի	[balení]
pruimelaar (de)	սալորենի	[salorení]
berk (de)	կեչի	[kečí]
eik (de)	կաղնի	[kaġní]
linde (de)	լորի	[lorí]
esp (de)	կաղամախի	[kaġamaxí]
esdoorn (de)	թխկի	[tʰxki]
spar (de)	եղևնի	[eġevní]
den (de)	սոճի	[sočí]
lariks (de)	կուենի	[kuení]
zilverspar (de)	բրգաձև սոճի	[brgadzév sočí]
ceder (de)	մայրի	[majrí]
populier (de)	բարդի	[bardí]
lijsterbes (de)	սնձենի	[sndzení]
wilg (de)	ուռենի	[urení]
els (de)	լաստենի	[lastení]
beuk (de)	հաճարենի	[hačarení]
iep (de)	ծփի	[tspʰi]
es (de)	հացենի	[hatsʰení]
kastanje (de)	շագանակենի	[šaganakení]
magnolia (de)	կղբի	[kġbi]
palm (de)	արմավենի	[armavení]
cipres (de)	նոճի	[nočí]
mangrove (de)	մանգրածառ	[mangratsár]
baobab (apenbroodboom)	բաոբաբ	[baobáb]
eucalyptus (de)	էվկալիպտ	[ēvkalípt]
mammoetboom (de)	սեկվոյա	[sekvója]

143. Heesters

struik (de)	թուփ	[tʰupʰ]
heester (de)	թփուտ	[tʰpʰut]

| wijnstok (de) | խաղող | [χaġóġ] |
| wijngaard (de) | խաղողի այգի | [χaġoġí ajgí] |

frambozenstruik (de)	մորի	[morí]
rode bessenstruik (de)	կարմիր հաղարջ	[karmír haġárdʒ]
kruisbessenstruik (de)	հաղարջ	[haġárdʒ]

acacia (de)	ակացիա	[akátsʰia]
zuurbes (de)	ծորենի	[tsorení]
jasmijn (de)	հասմիկ	[hasmík]

jeneverbes (de)	գիհի	[gihí]
rozenstruik (de)	վարդենի	[vardení]
hondsroos (de)	մասուր	[masúr]

144. Vruchten. Bessen

appel (de)	խնձոր	[χndzor]
peer (de)	տանձ	[tandz]
pruim (de)	սալոր	[salór]
aardbei (de)	ելակ	[elák]
zure kers (de)	բալ	[bal]
zoete kers (de)	կեռաս	[kerás]
druif (de)	խաղող	[χaġóġ]

framboos (de)	մորի	[morí]
zwarte bes (de)	սև հաղարջ	[sév haġárdʒ]
rode bes (de)	կարմիր հաղարջ	[karmír haġárdʒ]
kruisbes (de)	հաղարջ	[haġárdʒ]
veenbes (de)	լոռամրգի	[loramrgí]
sinaasappel (de)	նարինջ	[naríndʒ]
mandarijn (de)	մանդարին	[mandarín]
ananas (de)	արքայախնձոր	[arkʰajaχndzór]
banaan (de)	բանան	[banán]
dadel (de)	արմավ	[armáv]

citroen (de)	կիտրոն	[kitrón]
abrikoos (de)	ծիրան	[tsirán]
perzik (de)	դեղձ	[deġdz]
kiwi (de)	կիվի	[kívi]
grapefruit (de)	գրեյպֆրուտ	[grejpfrút]

bes (de)	հատապտուղ	[hataptúġ]
bessen (mv.)	հատապտուղներ	[hataptuġnér]
vossenbes (de)	հապալաս	[hapalás]
bosaardbei (de)	վայրի ելակ	[vajrí elák]
blauwe bosbes (de)	հապալաս	[hapalás]

145. Bloemen. Planten

| bloem (de) | ծաղիկ | [tsaġík] |
| boeket (het) | ծաղկեփունջ | [tsaġkepʰúndʒ] |

T&P Books. Thematische woordenschat Nederlands-Armeens - 5000 woorden

roos (de)	վարդ	[vard]
tulp (de)	վարդակակաչ	[vardakakáč]
anjer (de)	մեխակ	[meχák]
gladiool (de)	բրաշուշան	[tʰrašušán]

korenbloem (de)	կապույտ տերեփուկ	[kapújt terepʰúk]
klokje (het)	զանգակ	[zangák]
paardenbloem (de)	կաթնուկ	[katʰnúk]
kamille (de)	երիցուկ	[eritsʰúk]

aloë (de)	ալոե	[alóe]
cactus (de)	կակտուս	[káktus]
ficus (de)	ֆիկուս	[fíkus]

lelie (de)	շուշան	[šušán]
geranium (de)	խորդենի	[χordení]
hyacint (de)	հակինթ	[hakíntʰ]

mimosa (de)	պատկառուկ	[patkarúk]
narcis (de)	նարգիզ	[nargíz]
Oost-Indische kers (de)	ջրկոտեմ	[dʒrkotém]

orchidee (de)	խոլորձ	[χolórdz]
pioenroos (de)	բացվարդ	[kʰadʒvárd]
viooltje (het)	մանուշակ	[manušák]

driekleurig viooltje (het)	եռագույն մանուշակ	[eragújn manušák]
vergeet-mij-nietje (het)	անմոռուկ	[anmorúk]
madeliefje (het)	մարգարտածաղիկ	[margartatsaǵík]

papaver (de)	կակաչ	[kakáč]
hennep (de)	կանեփի	[kanépʰ]
munt (de)	անանուխ	[ananúχ]

lelietje-van-dalen (het)	հովտաշուշան	[hovtašušán]
sneeuwklokje (het)	ձնծաղիկ	[dzntsaǵík]

brandnetel (de)	եղինջ	[eǵíndʒ]
veldzuring (de)	թրթնջուկ	[tʰrtʰndʒuk]
waterlelie (de)	ջրաշուշան	[dʒrašušán]
varen (de)	ձարխոտ	[dzarχót]
korstmos (het)	քարաքոս	[kʰarakʰós]

oranjerie (de)	ջերմոց	[dʒermótsʰ]
gazon (het)	գազոն	[gazón]
bloemperk (het)	ծաղկաթումբ	[tsaǵkatʰúmb]

plant (de)	բույս	[bujs]
gras (het)	խոտ	[χot]
grasspriet (de)	խոտիկ	[χotík]

blad (het)	տերև	[terév]
bloemblad (het)	թերթիկ	[tʰertʰík]
stengel (de)	ցողուն	[tsʰoǵún]
knol (de)	պալար	[palár]
scheut (de)	ծիլ	[tsil]

136

doorn (de)	փուշ	[pʰuš]
bloeien (ww)	ծաղկել	[tsaġkél]
verwelken (ww)	թոշնել	[tʰršnel]
geur (de)	բուրմունք	[burmúnkʰ]
snijden (bijv. bloemen ~)	կտրել	[ktrel]
plukken (bloemen ~)	պոկել	[pokél]

146. Granen, graankorrels

graan (het)	հացահատիկ	[hatsʰahatík]
graangewassen (mv.)	հացահատիկային բույսեր	[hatsʰahatikajín bujsér]
aar (de)	հասկ	[hask]

tarwe (de)	ցորեն	[tsʰorén]
rogge (de)	տարեկան	[tarekán]
haver (de)	վարսակ	[varsák]
gierst (de)	կորեկ	[korék]
gerst (de)	գարի	[garí]

maïs (de)	եգիպտացորեն	[egiptatsʰorén]
rijst (de)	բրինձ	[brindz]
boekweit (de)	հնդկացորեն	[hndkatsʰorén]

erwt (de)	սիսեռ	[sisér]
nierboon (de)	լոբի	[lobí]
soja (de)	սոյա	[sojá]
linze (de)	ոսպ	[vosp]
bonen (mv.)	լոբազգիներ	[lobazginér]

LANDEN. NATIONALITEITEN

147. West-Europa

Europa (het)	Եվրոպա	[evrópa]
Europese Unie (de)	Եվրոմիություն	[evromiutʰjún]
Oostenrijk (het)	Ավստրիա	[avstria]
Groot-Brittannië (het)	Մեծ Բրիտանիա	[mets británia]
Engeland (het)	Անգլիա	[ánglia]
België (het)	Բելգիա	[bélgia]
Duitsland (het)	Գերմանիա	[germánia]
Nederland (het)	Նիդերլանդներ	[niderlandnér]
Holland (het)	Հոլանդիա	[holándia]
Griekenland (het)	Հունաստան	[hunastán]
Denemarken (het)	Դանիա	[dánia]
Ierland (het)	Իռլանդիա	[irlándia]
IJsland (het)	Իսլանդիա	[islándia]
Spanje (het)	Իսպանիա	[ispánia]
Italië (het)	Իտալիա	[itália]
Cyprus (het)	Կիպրոս	[kiprós]
Malta (het)	Մալթա	[máltʰa]
Noorwegen (het)	Նորվեգիա	[norvégia]
Portugal (het)	Պորտուգալիա	[portugália]
Finland (het)	Ֆինլանդիա	[finlándia]
Frankrijk (het)	Ֆրանսիա	[fránsia]
Zweden (het)	Շվեդիա	[švédia]
Zwitserland (het)	Շվեյցարիա	[švejtsʰária]
Schotland (het)	Շոտլանդիա	[šotlándia]
Vaticaanstad (de)	Վատիկան	[vatikán]
Liechtenstein (het)	Լիխտենշտայն	[lixtenštájn]
Luxemburg (het)	Լյուքսեմբուրգ	[ljukʰsembúrg]
Monaco (het)	Մոնակո	[monáko]

148. Centraal- en Oost-Europa

Albanië (het)	Ալբանիա	[albánia]
Bulgarije (het)	Բուլղարիա	[bulgária]
Hongarije (het)	Վենգրիա	[véngria]
Letland (het)	Լատվիա	[látvia]
Litouwen (het)	Լիտվա	[litvá]
Polen (het)	Լեհաստան	[lehastán]

Roemenië (het)	Ռումինիա	[rumínia]
Servië (het)	Սերբիա	[sérbia]
Slowakije (het)	Սլովակիա	[slovákia]
Kroatië (het)	Խորվատիա	[χorvátia]
Tsjechië (het)	Չեխիա	[čéχia]
Estland (het)	Էստոնիա	[estónia]
Bosnië en Herzegovina (het)	Բոսնիա և Հերցեգովինա	[bósnia év herts^hegovína]
Macedonië (het)	Մակեդոնիա	[makedónia]
Slovenië (het)	Սլովենիա	[slovénia]
Montenegro (het)	Չեռնոգորիա	[černogória]

149. Voormalige USSR landen

Azerbeidzjan (het)	Ադրբեջան	[adrbedʒán]
Armenië (het)	Հայաստան	[hajastán]
Wit-Rusland (het)	Բելառուս	[belarús]
Georgië (het)	Վրաստան	[vrastán]
Kazakstan (het)	Ղազախստան	[ġazaχstán]
Kirgizië (het)	Ղրղզստան	[ġrġzstan]
Moldavië (het)	Մոլդովա	[moldóva]
Rusland (het)	Ռուսաստան	[rusastán]
Oekraïne (het)	Ուկրաինա	[ukraína]
Tadzjikistan (het)	Տաջիկստան	[tadʒikstán]
Turkmenistan (het)	Թուրքմենստան	[t^hurk^hmenstán]
Oezbekistan (het)	Ուզբեկստան	[uzbekstán]

150. Azië

Azië (het)	Ասիա	[ásia]
Vietnam (het)	Վիետնամ	[vjetnám]
India (het)	Հնդկաստան	[hndkastán]
Israël (het)	Իսրայել	[israjél]
China (het)	Չինաստան	[činastán]
Libanon (het)	Լիբանան	[libanán]
Mongolië (het)	Մոնղոլիա	[monġólia]
Maleisië (het)	Մալայզիա	[malájzia]
Pakistan (het)	Պակիստան	[pakistán]
Saoedi-Arabië (het)	Սաուդյան Արաբիա	[saudján arábia]
Thailand (het)	Թաիլանդ	[t^hailánd]
Taiwan (het)	Թայվան	[t^hajván]
Turkije (het)	Թուրքիա	[t^húrk^hia]
Japan (het)	Ճապոնիա	[čapónia]
Afghanistan (het)	Աֆղանստան	[afġanstán]
Bangladesh (het)	Բանգլադեշ	[bangladéš]

Indonesië (het)   Ինդոնեզի   [indonézia]
Jordanië (het)   Հորդանան   [hordanán]

Irak (het)   Իրաք   [irákʰ]
Iran (het)   Պարսկաստան   [parskastán]
Cambodja (het)   Կամպուչիա   [kampučía]
Koeweit (het)   Քուվեյթ   [kʰuvéjtʰ]

Laos (het)   Լաոս   [laós]
Myanmar (het)   Մյանմար   [mjanmár]
Nepal (het)   Նեպալ   [nepál]
Verenigde Arabische Emiraten   Միավորված Արաբական Էմիրություններ   [miavorváts arabakán ēmirutʰjunnér]

Syrië (het)   Սիրիա   [síria]
Palestijnse autonomie (de)   Պաղեստինյան ինքնավարություն   [paġestinján inkʰnavarutʰjún]
Zuid-Korea (het)   Հարավային Կորեա   [haravajín koréa]
Noord-Korea (het)   Հյուսիսային Կորեա   [hjusisajín koréa]

151. Noord-Amerika

Verenigde Staten van Amerika   Ամերիկայի Միացյալ Նահանգներ   [amerikají miatsʰjál nahangnér]
Canada (het)   Կանադա   [kanáda]
Mexico (het)   Մեքսիկա   [mékʰsika]

152. Midden- en Zuid-Amerika

Argentinië (het)   Արգենտինա   [argentína]
Brazilië (het)   Բրազիլիա   [brazília]
Colombia (het)   Կոլումբիա   [kolúmbia]
Cuba (het)   Կուբա   [kúba]
Chili (het)   Չիլի   [číli]

Bolivia (het)   Բոլիվիա   [bolívia]
Venezuela (het)   Վենեսուելա   [venesuéla]

Paraguay (het)   Պարագվայ   [paragváj]
Peru (het)   Պերու   [perú]

Suriname (het)   Սուրինամ   [surinám]
Uruguay (het)   Ուրուգվայ   [urugváj]
Ecuador (het)   Էկվադոր   [ēkvadór]

Bahama's (mv.)   Բահամյան կղզիներ   [bahamján kġzinér]
Haïti (het)   Հաիթի   [haitʰí]

Dominicaanse Republiek (de)   Դոմինիկյան հանրապետություն   [dominikján hanrapetutʰjún]
Panama (het)   Պանամա   [panáma]
Jamaica (het)   Ջամայկա   [jamájka]

153. Afrika

Egypte (het)	Եգիպտոս	[egiptós]
Marokko (het)	Մարոկկո	[marókko]
Tunesië (het)	Թունիս	[tʰunís]
Ghana (het)	Գանա	[gána]
Zanzibar (het)	Զանզիբար	[zanzibár]
Kenia (het)	Քենիա	[kʰénia]
Libië (het)	Լիբիա	[líbia]
Madagaskar (het)	Մադագասկար	[madagaskár]
Namibië (het)	Նամիբիա	[namíbia]
Senegal (het)	Սենեգալ	[senegál]
Tanzania (het)	Տանզանիա	[tanzánia]
Zuid-Afrika (het)	Հարավ-Աֆրիկյան հանրապետություն	[haráv afrikján hanrapetutʰjún]

154. Australië. Oceanië

Australië (het)	Ավստրալիա	[avstrália]
Nieuw-Zeeland (het)	Նոր Զելանդիա	[nor zelándia]
Tasmanië (het)	Տասմանիա	[tasmánia]
Frans-Polynesië	Ֆրանսիական Պոլինեզիա	[fransiakán polinézia]

155. Steden

Amsterdam	Ամստերդամ	[amsterdám]
Ankara	Անկարա	[ankará]
Athene	Աթենք	[atʰénkʰ]
Bagdad	Բաղդադ	[baġdád]
Bangkok	Բանգկոկ	[bangkók]
Barcelona	Բարսելոնա	[barselóna]
Beiroet	Բեյրութ	[bejrútʰ]
Berlijn	Բեռլին	[berlín]
Boedapest	Բուդապեշտ	[budapéšt]
Boekarest	Բուխարեստ	[buχarést]
Bombay, Mumbai	Բոմբեյ	[bombéj]
Bonn	Բոնն	[bonn]
Bordeaux	Բորդո	[bordó]
Bratislava	Բրատիսլավա	[bratisláva]
Brussel	Բրյուսել	[brjusél]
Caïro	Կահիրե	[kahiré]
Calcutta	Կալկաթա	[kalkátʰa]
Chicago	Չիկագո	[čikágo]
Dar Es Salaam	Դար էս Սալամ	[dár ēs salám]
Delhi	Դելի	[déli]

T&P Books. Thematische woordenschat Nederlands-Armeens - 5000 woorden

Den Haag	Հաագա	[hahága]
Dubai	Դուբայ	[dubáj]
Dublin	Դուբլին	[dúblin]
Düsseldorf	Դյուսելդորֆ	[djuseldórf]
Florence	Ֆլորենցիա	[floréntsʰia]

Frankfort	Ֆրանկֆուրտ	[fránkfurt]
Genève	Ժնև	[ʒnev]
Hamburg	Համբուրգ	[hámburg]
Hanoi	Հանոյ	[hanój]
Havana	Հավանա	[havána]

Helsinki	Հելսինկի	[hélsinki]
Hiroshima	Հիրոսիմա	[hirosíma]
Hongkong	Հոնկոնգ	[honkóng]
Istanbul	Ստամբուլ	[stʰambúl]
Jeruzalem	Երուսաղեմ	[erusaɡém]
Kiev	Կիև	[kíev]

Kopenhagen	Կոպենհագեն	[kopenhágen]
Kuala Lumpur	Կուալա Լումպուր	[kualá lumpúr]
Lissabon	Լիսաբոն	[lisabón]
Londen	Լոնդոն	[londón]
Los Angeles	Լոս Անջելոս	[los anʒelós]

Lyon	Լիոն	[lión]
Madrid	Մադրիդ	[madríd]
Marseille	Մարսել	[marsél]
Mexico-Stad	Մեխիկո	[méχiko]
Miami	Մայամի	[majámi]

Montreal	Մոնրեալ	[monreál]
Moskou	Մոսկվա	[moskvá]
München	Մյունխեն	[mjúnχen]
Nairobi	Նայրոբի	[najróbi]
Napels	Նեապոլ	[neápol]

New York	Նյու-Յորք	[nju jórkʰ]
Nice	Նիցցա	[nítsʰa]
Oslo	Օսլո	[óslo]
Ottawa	Օտտավա	[ottáva]
Parijs	Փարիզ	[pʰaríz]

Peking	Պեկին	[pekín]
Praag	Պրահա	[prahá]
Rio de Janeiro	Ռիո դե Ժանեյրո	[rio de ʒanéjro]
Rome	Հռոմ	[hrom]
Seoel	Սեուլ	[seúl]
Singapore	Սինգապուր	[singapúr]

Sint-Petersburg	Սանկտ Պետերբուրգ	[sánkt peterbúrg]
Sjanghai	Շանհայ	[šanháj]
Stockholm	Ստոքհոլմ	[stokʰhólm]
Sydney	Սիդնեյ	[sidnéj]
Taipei	Տայպեյ	[tajpéj]
Tokio	Տոկիո	[tókio]

Toronto	Տորոնտո	[torónto]
Venetië	Վենետիկ	[venétsia]
Warschau	Վարշավա	[varšáva]
Washington	Վաշինգտոն	[vašingtón]
Wenen	Վիեննա	[viénna]

www.ingramcontent.com/pod-product-compliance
Lightning Source LLC
Chambersburg PA
CBHW070604050426
42450CB00011B/2979